基础教育改革与教师专业发展丛书

教师专业发展系列

教师如何上好每一节课

JIAOSHI RUHE SHANGHAO MEIYIJIE KE

段兆兵◎编著

安徽师范大学出版社

责任编辑:黄成林
装帧设计:丁奕奕

图书在版编目(CIP)数据

教师如何上好每一节课 / 段兆兵编著.—芜湖:安徽师范大学出版社,2013.6(2014.4重印)
(基础教育改革与教师专业发展丛书)
ISBN 978-7-5676-0332-5
Ⅰ.①教… Ⅱ.①段… Ⅲ.①课堂教学-教学研究-中小学 Ⅳ.①G632.421

中国版本图书馆CIP数据核字(2012)第319287号

教师如何上好每一节课
段兆兵　编著

出版发行:安徽师范大学出版社
芜湖市九华南路189号安徽师范大学花津校区　　邮政编码:241002
网　　址:http://www.ahnupress.com/
发 行 部:0553-3883578　5910327　5910310(传真)　E-mail:asdcbsfxb@126.com
经　　销:全国新华书店
印　　刷:安徽芜湖新华印务有限责任公司
版　　次:2013年6月第1版
印　　次:2014年4月第2次印刷
规　　格:787×960　1/16
印　　张:13.5
字　　数:201千
书　　号:ISBN 978-7-5676-0332-5
定　　价:24.00元

基础教育改革与教师专业发展丛书编委会

内容简介

本书内容包括三个部分。一是分析与论述一节好课的标准,介绍国内外对于好课标准的不同观点,提出具有参考性质的小班化教学评价标准、中学教学评价标准和发展性教学评价标准。二是分析和论述上好一节课教师应该如何去做,分别从一节好课要有好的设计、好的过程、好的方法、好的组织、好的环境、好的教师等几个方面展开讨论。三是分析教师如何修炼才能成为能够上好每一节课的教师,认为教师应该在理论与实践的结合中修炼,在批判性教学反思中修炼,在合作的行动研究中修炼等。

本书可供中小学教师、教研人员、校长和教导(务)主任、教育行政人员阅读,也可供师范类各专业学生和教育类研究生阅读。

总　序

“教育改革”在当下是一个出现频率非常高的概念，这种语言现象所反映的正是教育实践的客观现实。伴随着经济全球化、信息化和网络化的迅猛发展，世界范围的教育改革正一浪高过一浪，教育改革正成为一项持续不断的教育实践活动。可以说，变革已成为当代教育的一个典型特征。

同样，改革也是我国当代基础教育领域蓬勃发展的重要驱动轴。近年来，基础教育改革正在各个层面全面展开：在课程领域，综合课程、活动课程、微型课程、模块课程等正在逐步取得与学科课程同等的地位，并对促进学生的全面发展发挥着不可替代的作用；在教学领域，诸如探究式教学、互动式教学、学生自主学习、合作学习等一系列新的教学方式和学习方式也正在逐步取代某些传统的教学方式和学习方式，被师生广泛运用于教学过程之中；在德育领域，一方面，某些陈旧落后的德育理念和模式正在为人们所摒弃，另一方面，多种新的德育理念和模式正在受到教育理论工作者和实践工作者的广泛关注并在学校德育实践中进行尝试和经受检验；在教育评价领域，传统的评价理念和范式同样日益受到人们的质疑与批判，与此同时，各种新的评价理念和范式层出不穷并被师生普遍接受和运用。

基础教育改革不仅使学校生活、师生关系和课堂面貌等发生了重要变化，也向广大教育实践工作者提出了新的更高的要求。持续不断的基础教育改革,使每一个投身于教育实践工作的人都面临着一系列无法回避的挑战。这种挑战,既意味着教育实践工作者不得不正视和思考教育改革带来的各种新的问题,同时也意味着他们在面对不断变化的教育实践情境时,必须采取适当、合理的因应与行动。

教育大计,教师为本;有好的教师,才有好的教育。这既是基础教育改革实践的强烈诉求,同时也是理性认识基础教育改革所形成的共识。好的教师,才有可能既娴熟自如地驾驭教育教学活动,最大限度地促进学生的发展,同时又能够有效地应对社会和教育发展所带来的各种新变化、新要求,成为教育改革的参与者和“弄潮儿”。好的教师由何而来呢?也许人们对这一问题有着各自不同的认识,也许不同的教师其成长的过程和方式各有差异,但可以肯定的是,好的教师既需要经受教育实践的历练,需要教育实践给予其充分展现的机会,同时,也需要接受教育理论的滋养,需要对教育教学的本质和规律性有着正确的认知和把握。

与教育实践工作者相同的是,教育理论工作者也正在面对教改所带来的诸多挑战。基础教育改革的蓬勃展开,也必然会对教育理论工作者提出如何恰当地回应教育改革、如何研究和解决教育改革中出现的各种新问题、如何引领教育改革的发展方向等诸多问题。可以说,在教育改革持续展开的背景下,教育理论工作者正面临着双重任务:一是必须及时研究和探索教育改革中不断出现的新情况、新进展,发现制约改革的各种因素和变量,揭示和分析教育改革发生发展的特点和规律;二是必须观照教育改革参与者特别是中小学教师的实践诉求,通过对教育改革实践的理论阐述,引领他们更加理性、有效地处理改革实践中所遇到的种种现实问题。

我们欣慰地看到，当前，已有很多学者对基础教育改革的一系列重要问题进行了深入的研究和探讨，从多角度、多方位提出了诸多有关教育改革的真知灼见，展示了学者们对教育改革实践的理性认识。然而，如何将这些理性认识转变为教育改革实践的理性行动，却需要做一番综合与转化工作。所谓综合，就是要对不同的理论研究成果，根据教育实践的逻辑，重新进行组合与梳理，以形成更加适合于教育实践的知识体系；所谓转化，则是要通过对知识的再加工和再创造，将原本用于精确表达思想和观念的科学话语体系，转变成实践话语体系，从而更加适合教育改革实践的需要。而本套丛书所努力达成的，就是这样的一个目标。我们期待我们所做的综合与转化的努力，能够产生切实的实践效果。

教育改革既涉及宏观层面，也涉及微观层面。仅有宏观层面的努力而缺失微观层面的配合与行动，教育改革不可能取得成功。宏观层面的教育改革主要是由政府来决定和实施，而微观层面的改革不仅需要政府的介入，更需要教育实践工作者的实际行动。我们编写这套丛书，主要的目标是指向微观层面，指向中小学教师的教育教学实践。丛书涉及当前基础教育改革和教师专业发展的诸多领域，主要针对当前基础教育改革和教师专业发展中所遇到或将要遇到的一系列问题而编写，以问题作为研究和讨论中心。我们期望通过聚焦教育改革实践中遇到的各种实际问题，借鉴中外教育改革的研究成果和成功经验，为教育实践工作者正确地认识和把握这些具体的实际问题提供指导和帮助。

本丛书主要包括教师专业发展系列、基础教育改革与学生发展系列、新课程教学探索系列、班主任工作系列、心理健康教育系列、教师专业标准系列等，读者对象主要是广大中小学教师。丛书的定位是理论与实际有机结合、介于学术著作和通俗读物之间，既注意吸收相关学科领域的最新成果，反映教育教学研究的前沿动态，又注重贴近中小学教师的工作和生活，对目前我国基础教育的实际以及教改实施与进展的状况进行分析和探讨，注重解决读者在实践中遇到的问题或困惑，努力做到科学性、前沿性、实用性的统一。丛书内容通俗易懂，深入浅出，每册书在内容上不求大而全，不求面面俱到，而是突出重点，将关注教师的需求放在第一位，尽可能为他们提供有针对性的思想和理论的引领，给他们以实践操作的启发。

我们相信本套丛书的出版，能让广大一线中小学教师获得所需的知识和有益的启示，对学校的进步、教师的发展和学生的成长发挥建设性的指导作用，为促进教育改革和教师发展增添些许动力。我们也期待着本丛书的出版，能够为师范院校相关学科的教学与研究提供更为丰富的素材，从而推动教师教育质量的不断提升。

编委会

二〇一三年一月

目　录

第一章　一节好课的基本标准

要上好一节课,首先应该明确什么样的课算是一节好课,也就是说,先要明确好课的标准。当然,不同的时期、不同的国家和地区、关注教学的不同个体,对于一节好课的标准有不同的看法。同样的一节课,有的人认为是好课,有的人可能认为并不好。我们不能要求所有的人都持同样的观点。但是,一节好课还是有一些基本的标准的,公认的一节好课应该就是一节好课。

一、建立课堂教学标准的意义

对于什么样的课堂教学就是一堂好课,历来存在不同的看法。但无论如何,一节课究竟是好还是不好,应该有一个大概的、基本的标准。如果没有一定的标准,教学好与不好就无从衡量,教师也就不知道应该朝哪个方向努力,也就不可能有好的课堂教学。因此,建立课堂教学标准,至少有三个方面的意义:

(1)有助于对课堂教学进行科学的评价,进而有效管理教学。教学是人类有意识的社会实践活动,是以间接经验的获得为主要目的的人类的特殊认识与人类一般认识相统一的活动,是以课堂为主渠道的师生的交往活动,也是科学与艺术相统一的活动,是有目的、有计划地帮助学习者掌握知识、技能,促进个性形成和人格完善的主要活动,其中课堂教学是基本形式。这一活动是否实现了教学目标,效果如何,必须通过评价才能确定,而要进行评价与考核就必须要有依据和标准。

(2)有助于促进教师课堂教学技能的提高,进而提高课堂教学质量。在现代社会,课堂教学是师生的交往活动,但是这一活动却主要由教师进行设计、组织与实施,这都需要以教师的课堂教学技能为保障。

教学活动的效果如何必须要依据一定的标准来衡量，有了好课的标准，教师就朝着标准去努力，也才能促进教学目标的达成，也就是促进教学质量的提高。

(3)有助于帮助教师明确努力方向，促进教师专业成长。教师的专业成长主要表现为教师道德观念的形成、教师教学信念的确立、教师教学技能的提升和教师人格的完善，而教师课堂教学素质则是核心。课堂教学质量的高低受多种因素的影响，其中教师素质对教学质量起着关键作用，因此，课堂教学标准的确立能够帮助教师明确努力的方向，促进教师专业成长。

一节好课的标准并不是固定不变的，历来人们存在不同的看法。随着社会对人才素质要求的变化，随着教育教学观念的进步，随着社会生产生活方式的进步，对于好课的标准也在不断变化。例如，古代教育的目的是培养经世致用的统治人才，因此，塑造人的道德成为教育的根本目的，背诵经典就成为教学的基本目标，好的课堂就是看能否帮助学习者熟读、背诵和理解经典。随着机器大工业的兴起，对于掌握知识、技能的人才的需求大增，在这种背景下，课堂教学的标准转向如何帮助学习者掌握大量的知识和技能。掌握的知识和技能越多，教学的效果就越好。但随着社会的进步，对于人的创造性、个性的发展逐渐成为教育的重要目标。在这种背景下，课堂教学的标准逐渐转向在帮助学习者掌握知识、技能的基础上，如何形成健康完善的个性、健全的人格，如何促进人的创造性的形成，如何促进人的全面发展，追求人的自由、解放与个性的完善成为教学的重要目标，课堂教学的标准更加多样化。

什么样的一节课就算好课，受多种因素影响和制约。一节课要实现的目标不同，学生的年级和年龄、学科的特点、具体的教学任务和内容、课的类型和结构等不一样，这些因素都影响人们对一节好课的评价和看法，也就是说这些因素都影响一节好课的标准和要求。但总体来看，无论一节课有哪些特殊性，一节好课总有一些共同的要求和特征，例如，清晰的教学目标、合理安排的教学内容、精心组织的课堂结构、良好的师生交流与课堂气氛、好的教学效果等。因此，本书就首先从一节好课的标准和要求谈起。

二、好课标准的不同观点

要明确一节好课的标准,先应分析一节课有哪些基本的构成要素。德国学者希尔伯特·迈尔教授认为,一节好课的要素至少要包括六项,分别是:目标结构、内容结构、社会性结构、过程结构、行为结构和空间结构①。他认为,优质课堂教学具有十大特征(标准):

(1)清晰的课堂教学结构。包括过程明了,目标明确,内容清晰;师生角色分配清楚,师生双方协商好规则、程序及自由空间。

(2)高比例的有效学习时间。包括时间安排得当,守时;拨冗去繁,日程安排有节奏。

(3)促进学习的课堂气氛。包括相互尊重,相互信任,遵守规则,承担责任,公正,关怀等。

(4)清晰明确的教学内容。包括任务设置明确易懂;教学主题的展开合理可信;课堂教学成果能得到明确的保障,保障措施具有约束力。

(5)创建意义的师生交流。包括引导学生参与课题规划,营造良好的讨论气氛,举行交流讨论会,鼓励学生写学习日记,征集教学反馈意见。

(6)多样化的教学方法。包括丰富的组织技巧,多样化的行为模式,教学流程不拘一格,均衡使用多种教学方法。

(7)促进个体发展。包括给予学生自由发展的空间,给予学生时间和耐心;对学生进行内部的区分和整合;分析个体学习水平,调整个体促进方案;对于风险学生群体给予特别的帮助。

(8)"巧妙"地安排练习。包括帮助学生掌握学习策略,布置明确有效的练习任务,有针对性地提供辅导,创造有助于学生完成练习任务的框架条件。

(9)对学习成果有明确的期望。包括学习内容要以教育方针或教育标准为导向,学习内容要符合学生的学习能力;检查测试学习情况后及时给予反馈,并给予帮助和促进。

(10)完备的课堂教学环境。包括教学秩序井然,教学设备和教具能

---

① [德]希尔伯特·迈尔. 怎样上课才最棒——优质课堂教学的十项特征[M]. 黄雪媛,马媛,译. 上海:华东师范大学出版社,2011:16.

正常使用[1]。

课堂教学标准受到不同的课程与教学评价观的制约。在不同的时期，有不同的课程评价观，相应地也形成了不同的教学评价标准和方法。美国学者斯太克于1967年提出了课堂教学的外观评价模式。他认为传统的目标评价模式存在不少问题，如不注意教育的先在因素和过程因素；不注意各种教育结果，只重视传统测验因素；强调个别学生分数的信度和预测效度，忽视先在因素、过程因素和教育结果三者之间的关联等。他主张评价应该兼具描述和判断的成分，资料收集应该考虑课程方案的先在因素、过程因素、结果因素。

先在因素指教学之前任何可能与结果相关的条件，例如学生的兴趣、经验、性向、意愿，社区的资源、学校的认可条件等。

过程因素是指教学中的教师、学生及与教育相关的人所经历的活动或事件等，其中包括了师生之间、同学之间、学生与教材之间的情境。

结果因素是指教学所产生的影响，包含学生、教师、行政人员、班主任等方面。就学生而言，教学的影响包括能力、态度、抱负、成就、认知、技能或情意等因素。整个评价模式如表1-1所示。

表1-1 外观评价模式[2]

类　别	描述矩阵		判断矩阵	
	打算做的	观察到的	标　准	判　断
先在因素				
过程因素				
结果因素				

唐肯（M. J. Dunkin）和比德（B. J . Biddle）受"过程—结果"研究模式的影响，于1974年在他们合著的《教学研究》（*The Studying of Teaching*）一书中，认为任何教学活动其构成要素主要有四个：先在变量、过程变量、情

① [德]希尔伯特·迈尔. 怎样上课才最棒——优质课堂教学的十项特征[M]. 黄雪媛，马媛，译. 上海：华东师范大学出版社，2011：9-10.

② 张传燧. 课程与教学论[M]. 北京：人民教育出版社，2008：392.

境变量和结果变量[1]。这四种变量是教学研究的主要内容。

先在变量主要指教师的个人特点，比如教师的年龄、性别、社会背景、专业素质、教学经验以及各种不同的能力、动机、气质、性格等。

过程变量主要指在教学过程中，教师的行为和学生的行为以及学生行为的改变。教师的行为主要包括教师的语言表达、体态举止、所采用的教学方法等，学生的行为主要包括学生在课堂教学中注意力集中的程度、回答教师提问的状况等。

情境变量主要指学生及其所处的环境的状况。比如学生的年龄、性别、社会背景、能力、态度、动机以及学生所处的社区、学校、班级的状况等。

结果变量主要指学生的学习结果。它分为即时效果和长期效果。前者主要包括学生知识的学习与掌握、态度的形成与改变、技能的获得与发展等，后者主要指对社会的适应及工作的状况等。

课堂教学的标准往往以课堂的有效性来衡量。美国学者鲍里奇认为，有效教学包括以下五个至关重要的行为：

(1)清晰讲授——教师在授课过程中口齿清楚不含糊，使要点明确且易于理解，能较清晰地解释概念等。在授课清晰度上，教师之间的差别是较大的。清晰教学呈现材料时所花时间较少，学生能较快地正确回答问题。清晰的教学是一个复合行为，它与教师的认知行为、组织能力、授课经验、策略选择等密切相关。

(2)多样化教学——教师能多样地、灵活地呈现教学内容。丰富教学且能让学生积极参与的方法，最有效的就是提问。提问并不是不断地问，而是艺术地问。教师有较丰富的提问艺术，能够区分出问题的类型，包括事实问题或过程问题、聚集性问题或发散性问题等，课堂教学就常常是有效的。多样化教学的表现主要有：使用吸引注意的技巧，展示热情和活力，变换呈现方式，混合使用奖励和强化物，学生参与，变换提问类型等。

(3)任务导向——把多少课堂教学时间用于教授教学任务规定的学术性学科。教师用于教授特定课题的时间越多，学生的学习机会就越多。以任务为导向的有效教学的标志是：制定单元和课时计划能反映课

---

① 田慧生. 李秉德教育文集[M]. 南京：凤凰出版传媒集团，江苏教育出版社，2011：88.

程指南或课程标准，有效地处理行政事务性干扰，以最小的代价阻止扰乱课堂的行为，为教学目标选择最适合的教学模式等。

(4)引导学生投入学习过程——让学生参与学习过程的关键不在于学生而是在于教师，教师能否让学生参与教学是有效教学的一个指标。教师引导学生参与课堂教学的方法是多种多样的，主要包括：在教学活动结束之后，立即诱发学生的思考行为，允许学生质疑、讨论；在一种非评价性的气氛中提供反馈机会；必要时采用个人或小组学习活动方式；通过表扬、赏识等措施，引导学生投入教学过程并保持其积极性；监督学生的作业等。

(5)确保学生成功率——学生理解和准确完成练习或作业的比例高，其特点是学生理解任务，只是偶尔因粗心而犯错[①]。

罗森斯海因等人认为："有效教学首先取决于对课堂上应做什么做出正确的决定，其次取决于如何实现这些决定。"他总结出11种与学生成绩相关的课堂教学行为，并将其作为有效教学的主要指标。其中最主要的有：表达的清晰性——教师讲解明白易懂，概念清楚，在组织教学过程中有条不紊；教学的灵活性——教师能够运用多种多样的教具，采取富有弹性的教学步骤；高度的情绪性——对教材有极大的兴趣，能使学生积极地参与教学；任务取向——教师有能力布置学习任务，使学生专心致志；教材的典型性——有效教学的教师总是为学生提供机会，练习那些类似于学生今后测验的题目[②]。他认为，应该从以下三个方面把握有效课堂教学的基本准则：根据教学结果来评估教学有效性；根据学生的行为来评估教学有效性；根据教学行为本身的规范性来评估教学有效性。

我国学者叶澜教授对"什么样的课才算好课"进行了探讨。她认为好的课就是有效教学的课，"扎实、充实、丰实、平实、真实"的课就算是好课[③]。"扎实"的课就是有意义的课，即学生学到了知识，锻炼了能力，在过程中产生了良好的、积极的情感体验，并激发了进一步学习的强烈需求，而且越来越主动地投入到学习中去。"充实"的课是有效率的课，即：首先

① [美]加里·鲍里奇. 有效教学方法[M]. 易东平，译. 南京：江苏教育出版社，2002：8–14.

② 柳夕浪. 课堂教学临床指导[M]. 北京：人民教育出版社，2003：25.

③ 叶澜. 扎实 充实 丰实 平实 真实——"什么样的课才算一堂好课"[J]. 基础教育，2004(7)：13–16.

是对全班学生中的多少学生有效率，好课对优秀生、中等生、后进生具有不同的效率；其次是效率的高低，如果没有效率，或者只是对少数学生有效率，这都不能算是一堂好课。“丰实”的课是有生成性的课，即这样的课不完全是预设的结果，在课堂上有师生之间真实的情感、智慧、思维、能力的投入，尤其思维是相当活跃的，在整个过程中有资源的生成，又有过程的生成。“平实”的课是常态下的课，即不是为了应付听课而进行了特殊准备的课。当然课前的准备对于师生的能力提高，也是一个很重要的组成部分，但课堂有其自身的价值，这一价值在于它是一个公共的空间，在这个空间里，要有相互的讨论、思维的碰撞，在这个过程中，师生互动，并生成许多新的东西。“真实”的课是有待完善的课，即任何课都不可能是十全十美的，这种课是真实的、不粉饰的，因此是值得反思的，是需要去重建的。

我国学者黄忠敬认为，一堂好课的标准应该从教学目标的达成度、教学环节的清晰度、教学过程的开放度、学生学习的参与度和教学资源的生成度五个维度进行分析①。

(1)教学目标的达成度。教学目标的达成度要求教师在设计教学目标时从知识、技能与情感三个方面做出规定，要善于解读学生、解读教材，在此基础上清晰而明确地表述应培养学生的哪种行为以及行为可运用于哪些生活领域或内容中。教学要达成的“三维”目标，要以学生为主体，不能只见文本不见学生，只见知识不见育人。课程改革对教学目标做出了明确规定，即知识与技能、过程与方法、情感态度和价值观。

(2)教学环节的清晰度。教学环节的清晰度包括四个方面的含义：一是上课一开始，教师就应该明确地向学生讲明教学所应达到的目标，让学生清楚教学的要求和将要完成的任务，激发学生学习的欲望与期待。二是理解学生已有的知识基础，关注最近发展区，让学生在已有知识的基础之上内化新知识。教师可以通过口头提问、检查家庭作业等方法，帮助学生迅速回忆起曾经学习过的内容，为学习新知识做好铺垫。三是表达方式要清晰，比如用简洁的语言表达教学内容，根据学生的基础与需要对单元知识进行重组，强调知识由点到面的学习，加强知识的系统性、整合性

① 黄忠敬. 评价一堂好课的“五维度”[J]. 中国教育学刊，2011(10)：57–59.

和迁移性。教师在教学活动中的指令也应该清晰明了，尤其在让学生开展自主学习、合作学习过程中，分组原则、讨论任务、分工协作、汇报展示、练习作业等环节都要交代清楚。四是小结反馈要清晰，总结反思不是对教学内容的重复，也不需要面面俱到，它是对教学内容和概念的重新组合，要比较概括，整体提炼，突出重点。

(3)教学过程的开放度。教学过程的开放度要求在课堂教学中要充分尊重学生的主体地位，给予学生主动学习的时间与空间，让学生主动发展。在时间上，要给予学生充分的自主学习时间；在空间上，可以根据教学目标设置多样化的教学组织形式，把大班授课、小组合作学习与个体自主学习结合起来。教学过程的开放需要以学生为本，确立以学为主的教学，教学方法要多样化，也可以运用多种多样的教学手段。要给学生"留白"，使学生拥有一种独立、自主、合作和宽容的心理状态，开放心灵，唤醒自我，体验快乐。

(4)学生学习的参与度。新课程理念指导下的教学参与强调的是学生主动参与、全员参与，尽量让班级中所有学生都能够参与，提高所有学生参与教学活动的积极性与主动性。参与度的外显指标可以大致规定为学生自主学习各种资料或者自由讨论的时间与全部教学时间的百分比，而内在的指标可以体现为学生自主意识、自主能力的提升。教师需要提供机会让学生动眼观察、动脑思考、动手操作、动口表达。"听过的忘记了，见过的知道了，做过的理解了。"提高学生参与度的方法很多，比如，创设情境，激发学生的学习动机，培养学生的学习兴趣，增强学生参与的意识；改变教学形式，开展自主学习、合作学习；巧设问题，设置认知冲突，开展课题讨论，鼓励动手操作与练习，激发学生思考；多一些积极的评价或表扬，采用正面激励的反馈方法，增强学生的自信，等等。

(5)教学资源的生成度。学生不仅是教学的对象，也是教学的资源。在学生身上，至少有两种非常宝贵的资源。一种是差异性资源。不同的学生来自不同的地域和家庭背景，具有不同的知识基础与认知风格，形成了各具特色的差异性资源和建构知识的不同视角，这就为教学资源的生成提供了各种可能性。教师在教学过程中，要善于引导或利用这些个性化的思维方式、多样化的认知风格、动态化的学习策略，实现学生间的资源共享。另一种是错误性资源。错误本身并不可怕，可怕的是无视错误。其实，错误是正确的基础，人们可以从错误中积累经验、吸取教训，从而不断走向成功。教学资源的多样性，要求教师在平淡中看到神奇，在平凡中看到伟大。教师的教学设计应该弹性化，倡导弹性教案，为教学的生成预留空间，创造可能。生成性的课堂要求教师善于倾听学生的发言，成为一个耐心的倾听者、一个及时反馈者、一个积极鼓励者。

我国学者王鉴教授认为，有效教学的指标至少应该包括以下方面：

(1)教师的教学技能、态度、教学智慧的展现。教师的教学活动既是科学的知识传递活动，又是人的全面培养活动，它不是一个随心所欲和得过且过的活动，而是一种严肃而神圣的专业活动。教师的知识、人品、能力、态度、智慧等都影响着教学的效果。凡是学生欢迎、教学效果良好的教师身上都有这样的特点，其课堂教学就是教师综合素质展示的过程[①]。

(2)学生的积极参与。有效教学的对象十分明确，就是为了全体学生的发展，就是教师引导学生参与教学的过程，通过引发学生的学习动机、满足学生的学习需要、艺术地提问和组织等，使每位学生都成为课堂教学中不可缺少的一员。学生不仅在课堂教学中能积极参与，而且在课后仍然能回味课堂教学场景，对课堂教学过程及内容记忆犹新。

(3)教学活动组织的艺术性、多样性、灵活性。课堂教学是有目的、有计划、有组织的活动过程，是学校教育的主渠道。课堂教学活动的组织并不是一个呆板的、机械的、静态的"讲—听"模式，而是充满艺术、创造、乐趣、发展的过程。无效或低效教学课堂的共同特点就是机械、单调、乏味，只见知识信息的传递，而不见人的生命的真实体现；只有教学专业世界的知识文本，没有师生作为人的生活世界的欢乐和喜悦。这种教学活动的组织常常不是一个教师决定的，有可能是长期形成的教学习惯的结果，甚至还有其他因素。

不同的教学评价模式和评价观牵动着教学评价的全局，它制约着教学评价的规范性，也制约着评价结果的效用。各种评价模式都有自己的优越性和局限性，评价者应该充分考虑评价的目的、对象等因素，从各种模式中吸取合理的成分，提高评价的教育性和实效性。

① 王鉴. 课堂研究概论[M]. 北京：人民教育出版社，2007：283-284.

三、一节好课的参考标准

我们应该明确，对于一节好课的标准，不同的时期，甚至不同的国家、不同的教师，都具有不同的看法。在目前，我国的教育既要为社会的发展培养大批掌握扎实理论知识和实践技能的人才，又要贯彻全面发展的教育方针，促进学生个性的解放与创造性人格的形成；既要帮助学生身心健康发展，又要为社会培养建设人才。因此，具有操作性的课堂教学的标准就需要兼顾各方面的要求。根据我国中小学教学的实际，我们可以从教学目标、教学内容、教学的环节与方法、教学语言、教学效果、课堂气氛等几个方面来确定教学标准和评价要求（表1–2）。

评价标准是根据评价指标体系衡量被评价对象可以获得的分数、等级或评语。评价标准是评价实际达成指标程度（或情形）的具体要求，达标程度可以分为不同的等级，不同的等级由不同的评价标准界定。比如，在等级评定中，对应于优、良、中、差各等级的目标达成程度，界定是不同的：优秀是90分以上，良好是80～89分，中等是70～79分，及格是60～69分，不及格则是60分以下。评价标准一般是以分数、等级和评语的形式来表示，使用相应的表达符号来检测评价对象所达到的水平或档次。当然，这一课堂教学评价表只适用于一般的、以在课堂中教师与学生互动的形式进行教学的评价，至于实验课、练习课、作业课、复习课、操作课等，以及音乐、体育、美术等学科的教学，则不适用。

近几年，我国中小学的课堂教学发生了重大变革，教学目的不再仅仅是为了帮助学生掌握知识和技能，更重要的是向促进学生全面发展转变，课堂教学不仅要实现知识与技能目标，还要促进学生能力的提升和健康个性的形成，教学不仅要完成预设的任务，还要追求生成与建构。根据这些变化，课堂教学的标准也发生了重大转变。在这种变化过程中，小班化教学逐步发展起来。小班化教学改变了我国中小学课堂普遍存在的学生人数过多而使有些教学活动难以开展的状况，为教学改革与教学方式的多样化提供了有利条件。在小班化教学条件下，课堂教学评价也应做出调整，一堂好课的标准自然也会有新的要求，一些实行小班化教学的学校已经制定了体现时代特点的课堂教学评价标准（表1–3）。

表1-2　课堂教学评价表

<table>
<tr><td>课程名称</td><td colspan="2"></td><td>年/班级</td><td></td><td>执教者</td><td></td><td>日　期</td><td></td></tr>
<tr><td>课　题</td><td colspan="3"></td><td colspan="3">课型</td><td colspan="2"></td></tr>
<tr><td colspan="4">评价内容</td><td>A</td><td>B</td><td>C</td><td>D</td><td>评分</td></tr>
<tr><td>教学目标
(15)</td><td colspan="3">定位准确，表述清晰、可测；符合课程目标要求与学生认知状况和规律，满足学生学习的需要；将目标告诉学生</td><td>15</td><td>13</td><td>11</td><td>9</td><td></td></tr>
<tr><td>教学内容
(20)</td><td colspan="3">教学内容充实、信息容量大，适合学生发展水平；教学重点、难点把握准确、突出；学法指导具体明确，便于操作；能将科研成果及时转化为教学内容；无科学性方面的错误</td><td>20</td><td>17</td><td>14</td><td>12</td><td></td></tr>
<tr><td>教学环节与方法
(20)</td><td colspan="3">教学环节多样，学生学得主动；情境设置能激发兴趣，引发思考；逻辑严密、论证深入、精讲精练，巧妙的语言交流，能启发学生思维；课堂纪律良好，学生思想专注，能激发和维持学生学习热情；课件使用适时、合理，有利于知识建构和能力发展；板书简要、工整、脉络清晰，简笔画、图表规范</td><td>20</td><td>17</td><td>14</td><td>12</td><td></td></tr>
<tr><td>教学语言
(10)</td><td colspan="3">清晰、简练、准确、逻辑严谨；抑扬顿挫，有节奏感；文明、质朴、规范</td><td>10</td><td>8</td><td>6</td><td>4</td><td></td></tr>
<tr><td>教学效果
(25)</td><td colspan="3">学习兴趣浓厚，课堂学习活动参与率高，思维和品质发展良好；有充裕的时间进行有价值的讨论和交流；教学目标达成率高</td><td>25</td><td>22</td><td>19</td><td>17</td><td></td></tr>
<tr><td>课堂气氛
(10)</td><td colspan="3">气氛和思维活跃，学生敢于提出问题、发表见解；衣着整洁、朴素、大方；态度亲切、诚恳、认真；感情真挚、热烈、冷静；举止庄重、从容、恰当</td><td>10</td><td>8</td><td>6</td><td>4</td><td></td></tr>
<tr><td>评价意见</td><td colspan="8">听课人：</td></tr>
<tr><td colspan="5">等级评分参考数值：A：100～90分　B：89～80分
C：79～70分　D：69～60分　D：60分以下</td><td>得分</td><td></td><td>等级</td><td></td></tr>
</table>

表1-3　南京晓庄学院附中小班化课堂教学评价表

<table>
<tr><td>学　科</td><td></td><td>班　级</td><td></td><td>执教者</td><td></td><td>日　期</td><td></td></tr>
<tr><td>课　题</td><td colspan="2"></td><td>课型</td><td colspan="4"></td></tr>
<tr><td colspan="2">评价内容</td><td>A</td><td>B</td><td>C</td><td>D</td><td colspan="2">评分</td></tr>
<tr><td>目标设定
(10)</td><td>定位准确，表述清晰、可测，体现课程目标教学要求，符合学生认知状况和规律，满足不同层次学生学习的需要</td><td>10</td><td>8</td><td>6</td><td>4</td><td colspan="2"></td></tr>
<tr><td rowspan="3">教学指导
(30)</td><td>教学内容安排适合学生发展水平，讲解精当，点拨得法；能根据不同内容和学生差异，组织“围坐式”小组“自主互动”学习活动，突出学生学习的主动性</td><td>10</td><td>8</td><td>6</td><td>4</td><td colspan="2"></td></tr>
<tr><td>充分利用“导学条”等多元教学资源，引导学生进行“自主互动”学习，学法指导具体明确，便于操作</td><td>10</td><td>8</td><td>6</td><td>4</td><td colspan="2"></td></tr>
<tr><td>情境设置能激发兴趣，引发思考；使用和展示“小黑板”等活动适时、合理，有利于知识建构，有利于发展学习能力</td><td>10</td><td>8</td><td>6</td><td>4</td><td colspan="2"></td></tr>
<tr><td rowspan="5">学生学习
状态(50)</td><td>学习兴趣浓厚，课堂学习活动参与率高，思维和品质发展良好</td><td>10</td><td>8</td><td>6</td><td>4</td><td colspan="2"></td></tr>
<tr><td>在“导学条”指导下，经历有意义的自主学习过程，自学能力得到发展，学习习惯良好</td><td>10</td><td>8</td><td>6</td><td>4</td><td colspan="2"></td></tr>
<tr><td>能积极参与小组的“互动”学习活动，体现合作成果的“小白板”展示，富有生成价值</td><td>10</td><td>8</td><td>6</td><td>4</td><td colspan="2"></td></tr>
<tr><td>有充裕的时间进行有价值的讨论和交流(活动时间以30分钟为佳)</td><td>10</td><td>8</td><td>6</td><td>4</td><td colspan="2"></td></tr>
<tr><td>能积极有效地参与教学反馈活动，不同层次学生获得相应提高，教学目标达成率高</td><td>10</td><td>8</td><td>6</td><td>4</td><td colspan="2"></td></tr>
<tr><td rowspan="2">课堂文化
形态(10)</td><td>教师能积极维持和激发学生学习热情，学生敢于提出问题、发表见解，学生个性得到发展</td><td>5</td><td>4</td><td>3</td><td>2</td><td colspan="2"></td></tr>
<tr><td>师生、生生合作交流平等，师生关系民主和谐，教师有足够的热情和耐心帮助学困生建立学习自信心，善于捕捉合适的时机激励学生</td><td>5</td><td>4</td><td>3</td><td>2</td><td colspan="2"></td></tr>
<tr><td>评价意见</td><td colspan="7">
听课人：</td></tr>
<tr><td colspan="2">等级评分参考数值：
A:100～85分　B:84～75分　C:74～60分　D:60分以下</td><td>得分</td><td></td><td>等级</td><td colspan="3"></td></tr>
</table>

随着教学改革的不断深入，教学的功能也在发生变化，发展性评价以其新的评价思想和方法受到人们的重视，人们把教学逐渐看成为发展性教学。“发展性教学是一种以持续的、广泛深入的和主导为目的的教学。这种教学认为学生所进行的所有学习将对他作为一个在智力、情感和社会性上不断趋于成熟的人的成长产生至关重要的和建设性的影响。”①

在基础教育课程改革过程中，人们赋予课程教学评价标准以新的内容，评价主体互动化、评价内容多元化、评价过程动态化成为基本要求。教学评价不仅要评价学生，以促进学生的发展，还要评价教师，以促进教师的专业发展。在评价主体上，不仅有教师还有学生；在评价方式上，不仅包括小组评价，还包括学生相互评价和自我评价；在评价内容上，包括学生对知识的掌握、思维能力的发展、学习兴趣、课堂学习氛围、进一步学习的欲望等；在评价程序上，按照“听课—说课—评课—教师反思”的顺序进行；在评价频率上，每半月进行一次②。为了保护教师的积极性，评价结果的呈现用A、B、C三个等级，其中A表示“较好”，B表示“一般”，C表示“不够好”；在评价中不再采用量化加权，而只用等级加描述性评语的方式进行(表1-4)。

在小组评价中，主要是由听课教师对学生学习所发生的变化、学生是否乐于学习、学生是否有进一步学习的欲望等进行评价。另外，还要对教师的教学方式、教学监控能力、教学特色等进行评价。

在学生评价中，一方面，要求他们对学习兴趣、知识的理解程度、技能的掌握情况、探究的效果、进一步学习的欲望等进行自我评价；另一方面，要求学生以小组为单位对教师进行评价，包括教师的教学方式方法、表达能力、知识讲授、思维激发、教学艺术等。最后，把小组评价意见反馈给教师。

在自我评价中，主要以教师的自我反思为主，包括课前、课中、课后反思。课前反思包括对已有教学准备的反思和可能出现意外情况的应对。课中反思是对教学设计的重新调整的过程，在这一过程中，教师要对自己教学的程序、方法以及教学中出现的偶发事件及时进行反思。课后反思是让教师对教学的成效、存在的不足、改进策略等进行反思。

① PREM LATA SHARMA. The concept of developmental teaching[M]. New Delhi: Sarup & Sons. 2005:3.

② 陈柏华，高陵飚. 教师专业发展之行动研究[J]. 课程·教材·教法，2007(10):77-82.

表1–4　发展性教学评价表*

执教	科组	班级	第　周星期　第　节	
课题	课型		年　月　日	
评价项目	评价内容	评价等级		
		A	B	C
教学目标	*1.教学的适切性：是否符合课程标准的要求和学生的实际			
	*2.教学的有效性：教与学的知识是否准确、有效			
学习参与度	*3.学生参与课堂教学的广度			
	4.学生参与课堂教学的深度			
	5.学生合作学习的意识和能力			
	*6.师生间、生生间、学生与教材间是否有多向交流			
思维训练状况	*7.是否给学生思维空间，能否有机会让学生发表不同意见			
	8.提出问题的能力			
	9.分析问题的能力			
	10.解决问题的能力			
教学氛围	*11.课堂教学环境是否宽松，师生间、生生间是否尊重平等			
	12.课堂上学生是否有适度的紧张和愉悦感			
	13.课堂上是否体现了合作、自学与竞争意识			
	14.学生对所学内容是否感兴趣			
教学过程	15.教师对课程标准和教材的理解程度			
	16.教学的松紧度是否恰当，教学密度是否合理			
	*17.教师课堂上是否有较强的应变和调控能力			
教学效果	*18.学生是否掌握了必要的基础知识和技能，是否有满足感			
	19.学生的能力是否得到了锻炼和提高			
	20.学生的学习欲望与信心是否得到了激发和提高			
教学特色				
综合评价		评价等级		
		评价者		

注：综合评价为A的前提条件是：标有*号的必须评价为A。其他综合评价的等级要求如下：(1)总共有12个以上A，各项没有C，综合评价为A；(2)总共有14个以上A，小于3个C的，综合评价为A；(3)各项评价有4~6个C，综合评价为B；(4)各项评价有1~3个C，不足12个A的评价为B；(5)各项评价有7个以上C的则评价为C；(6)教学有明显特色的可加一个A，总体等级可以提高。

第二章　一节好课要有好的设计

自从教学制度建立以来，课堂教学逐渐成为教学的基本方式，也成为学生学习的基本方式。课堂教学不能打无准备之仗。如何使一堂课成为好课，人们一直在不断探索，但是要上好一堂好课，必须认真备课，只有备好课才能上好课似乎已经成为一个常识。如果把教师课前的准备与设计看成是教学的重要环节的话，教学设计在前，而教学活动在后，要上好一节好课，首先要进行好的设计，好的教学设计是好的教学的重要保证。

一、教学设计概述

（一）教学设计的含义

教学设计（Instructional Design，简称 ID），也称教学系统设计，是面向教学系统、解决教学问题的一种特殊的设计活动。它既具有设计的一般性质，又要遵循教学的基本规律。可见，教学设计是根据教学对象和教学目标，确定合适的教学起点与终点，将教学诸要素有序、优化安排，形成教学方案的过程。

从广义上讲，教学设计是一个分析教学问题、设计解决方法、对解决方法进行试行、评价试行结果并在评价基础上修改方法的过程，目的是获得解决问题的最优方法。教学设计最主要的是课堂教学设计。课堂教学设计的基本内容包括：学习背景分析、学习需要分析、学习任务分析、学习者分析、学习目标的制定和评价、教学策略的制定、教学媒体的选择、教学评价等。简单地说，教学设计要回答以下三个问题：教什么和学什么；如何教和如何学；教得怎样和学得怎样。其实质依次是目标、策略、评价三方面的问题。

现代教学设计是日益受到重视、应用范围广阔的多学科研究领域。就教学设计而言,研究者关注的不仅仅是一个学科中某一知识点的学习过程,也不仅仅是学习的认知过程,而是从人的整体发展的思路去进行教学设计。特别是随着计算机技术的迅速发展,以学生为中心的教学设计观念正在悄然产生。不可否认,在教学设计中,计算机的发展使设计者的教学设计技术水平提高到一个新的层面,但最终目的是使学生获得知识或形成技能,促进学生全面而有个性的发展,再好的教学设计技术也是为了这些目的。

(二)教学设计的特点

教学设计与工程设计、课程设计等有一定的联系,但又有自己的独特性。具体来说,教学设计至少具有以下特点:

1.层次性

教学设计包含多个层次,首先是对一门学科整体的设计,之后把一门学科的教学设计划分为对多个具体单元的设计,再在对一个单元的教学进行设计的基础上,把一个个单元的教学任务划分为不同的课时,并对课时进行设计;每一个课时的教学设计又包括目标设计、方法设计、过程设计、手段和教学环境等的设计。现代教学设计必须与现代教学技术紧密结合,从而使教学设计成为一个多层次的设计系统。

2.时代性

教学设计实际上是在教学理论指导下对教学实践的具体设想,因此一定要根据社会经济发展和文化变革的特点进行,要实现教学设计与现代科学技术,特别是与现代教育技术的结合。教学设计要联系学生的日常生活和当代社会生活,根据现代教学环境的变化和丰富的网络资源,注意用现代教学思想和观念指导教学设计。要运用多样化的教学技术设备设计新颖的教学案例,注意现代新型的教学方法的运用,把校本教学、任务型教学、对话教学、活动教学、个别化教学、自主教学、合作学习、研究性学习、参与式学习等新的教学方式、学习方法引进教学领域,使教学设计丰富多彩,具有时代特点。

3.结构性

教学设计包括教学的目标设计、内容设计、策略设计、设施设计、过程设计、环境设计、评价设计等诸多方面。教学设计既要对学生的活动进行设计，又要对教师的活动和师生互动进行设计，既要在开学初对整个学科的整体设计，又要对每一个单元、每一个课时进行设计，既要设计重点、难点、关键点，又要设计作业、练习和活动。可见，教学设计具有多重复杂的结构。

4.导向性

教学是有目的的师生交往活动，因此要以实现一定的目的为导向。教学的最终目的是为了实现学生的发展，但不同的学科、不同的教学活动要实现的目的是不一样的，教学设计要以实现这些目的为导向。有的教学目的是知识的传授，有的教学目的是技能的训练，有的教学目的是学生情感的陶冶和人格的塑造。而不同的教学活动其规范也是不同的，教学设计要根据教学的规律和原则进行，要符合教学基本规范。

5.多样性

教学设计涉及有关教学各个方面的因素，因此教学设计具有多样性。一方面教学设计的过程和方法是多样的，另一方面教学设计的结果是多样的。第一，不同的学科要运用不同的设计方法，并产生不同的设计结果；第二，课的类型不同，教学的设计也应该不同；第三，教学的目的、任务和内容不同，就应该进行不同的设计；第四，教师与学生都具有各自的年龄特点和个性特点，教学设计要个性化；第五，学校的环境、教学设施与资源不同，教学设计也应该不同。这些特点决定了教学的设计过程和方法以及设计的结果都应该是不同的，从而表现出多样性的特点。

（三）教学设计的依据

1.教学设计的理论基础

决定教学（学习）效果的变量是极其复杂的，影响教学设计的理论因素也是多方面的，一般系统理论、传播理论、学习理论与教学理论被公认为教学设计的四大基础理论。

（1）一般系统理论。与其他基础理论不同，一般系统理论作为一种科学方法论对教学设计产生举足轻重的影响。目前教学系统设计甚至已成为“教学设计”这个术语的同义语。系统理论要求教学设计要系统地设计教学过程，关注各种教学要素，既要设计教学之始的活动，也要设计教学过程中的活动，以及教学总结与终结性评价的活动，还要考虑教学的目标、内容、方法、手段、技术和过程。按照系统的理论能够使教学设计符合科学规范的要求，符合教学实践的要求。

教学设计的方法论基础是系统理论。系统是由相互联系、相互制约的若干部分，按一定的规则组成的具有一定功能的整体。系统理论认为，教学可以分成教与学两个子系统，在每个子系统中又分别包含了诸多要素。教学系统是由教学诸要素（教师、学生、教学内容、教学媒体、教学方法和教学环境等）有机结合起来的具有某种教学功能的综合体。系统理论对教学设计的贡献在于强调教学的整体性，指出教学设计的重要内容就是教师要根据教学目标，对教学系统的各要素进行恰当的搭配组合，以达到最优化的教学效果。

（2）传播理论。教学设计与教育技术密切相关，其功能在于运用系统方法设计教学过程，使之成为一种具有操作性的程序。建立在现代教育技术基础之上的教学设计，必须依据科学理论的原理和方法对教学设计的各个环节和各个方面进行监督和审视，以实现教学的目标。视听理论是在现代信息技术广泛进入教学活动的条件下，对教学的物理环境和物质条件等方面的系统观点，回答的是如何通过运用现代教育技术来延伸人的感觉器官的功能，提高教学的效率等问题，应该成为现代教学设计的理论依据。现代教育技术建立在以视听理论为代表的现代传播理论上，教学设计要根据传播理论的原理，开发学生的多种感觉器官的功能，实现教学的科学化和高效益。

（3）学习理论。学习理论是对学生学习过程的系统观点，回答的是教学活动中学生如何学的问题，因此是教学设计必须依据的理论基础。教学设计以学习理论为基础是符合教学实际和合乎实践逻辑的。学习理论强调了学习的过程、方法、教学的技术要求。根据学生的认知等心理活动的特点和规律开展教学设计，能够使教学活动在科学规范的限度内进行，能够保证教学的高效益和科学性，也能够保护学生学习的积极性。

(4)现代教学理论。现代教学理论认为,教学是由教师、学生与教学内容等诸多要素组成的交往活动。在教育技术迅速发展并对教学活动产生越来越大的影响的条件下,对教学进行科学设计就显得越来越重要,教学设计也逐渐成为教学论研究的重要内容和教师应该掌握的基本职业技能。教学理论是对教学活动中关于教学的系统观点,回答的是教学活动中如何教、如何学的问题,因此,教学设计必须要以教学理论为基本依据,必须依据现代教学理论的基本原理来进行。

此外,教学的实际需要、学生的需要和特点、教师的教学经验等在教学设计时也必须予以考虑,它们是教学设计的现实依据。

2.教学设计的实践依据

教学设计是实践指向的,目的是提高教学的效益,促进学生的全面发展。从实践的角度看,教学设计要依据以下几个方面来展开:

(1)有利于教学工作科学化。教学设计要有利于教学工作的科学化,通过设计使教学活动按照科学规范和原理有序展开,既能促进学生智力的发展,也能促进学生个性的发展,也就是说,能够促进学生的全面发展。

(2)有利于教学理论与实践的结合。教学设计要根据系统理论、视听理论、现代学习理论和现代教学理论进行,但教学设计要促进教学实践水平的提高,要改进教学的方式方法,因此要理论与实践结合,既能遵循教学的一般规律,又能提高实践工作水平。

(3)有利于科学思维习惯和能力的养成。教学最根本的目的在于促进学生智力的发展,而智力发展的核心是思维能力和思维习惯的养成。因此,教学设计要注意能够促进学生科学的思维习惯和能力的养成,通过教学实现智力发展的教学目标。

(4)有利于加速青年教师的培养。教学设计是教师的一项基本功,好的教学要依据好的教学设计,对青年教师来说,开展教学设计是一项必修课。因此,要注意通过教学设计领悟教学的奥秘,通过设计掌握教学的方法,通过设计熟悉教学的规律,最终在设计中实现教师的专业发展。

(5)有利于对现代教学媒体的应用。现代教学设计必须广泛应用现代教学技术,只有运用多样的教学媒体,才能调动学生各方面的感觉器官的功能,才能实现教学的高效益。现代网络技术还具有丰富的教育资源,只有把现代教学媒体运用到教学活动中，才能取得好的教学效果。因此，教学设计必须加强现代教育技术与教学的结合，实现教学手段的现代化。

一节好课需要从多方面设计，好的课应该建立在好的设计的基础之上，并且是对好的教学设计的应用、超越与改进。教学设计包括教学目标设计、教学内容设计、教学过程设计、教学方法设计等几个方面。

二、教学目标设计

教学目标是教学的重要组成部分，一节好课首先要有明确具体的教学目标，没有教学目标就不能组织教学，没有明确具体的教学目标就没有高质量的教学。

（一）教学目标的含义

人们在行动之前，在头脑里已经有一个对行动结果的设想，这个设想就是目的。教学活动也是如此，在进行教学活动之前，在人们的头脑中已经形成了对教学活动结果的设想，这个设想就是教学目的。但是要确立科学的教学目的，必须对与教学有关的几个概念及其关系进行理性的分析。

目标是人们行动的结果。在汉语中，目的、宗旨、目标等实际上并没有明显的意义之别，都是人们对活动结果的设想和预期。目的是要得到的结果，想要达到的地点或境界，具有指向性、主体性和客观性。指向性是说目的是指向未来的结果，主体性是说目的是人们的主观愿望和要求，客观性是说目的是客观需要和结果的统一。

怎么样理解教学才能怎么样理解其目的。对于教学来说，它既是一个普通的日常用语，又是教育科学中的一个基本概念。当把教学看成是教育学一个专门的研究对象时，人们才可能获得对教学的正确认识。不同的人对教学有不同的观点，有人把教学看成是由“教”和“学”两方面组成的活动，两者不可分割，苏联和我国的教育学界大多持这种观点；有人把教学当做一种行为，相当于教师的“教”，是教学实践中教师的行为，许多西方国家，特别是英语国家的教育学界大多持这种观点。如果把教学理解为“教”和“学”两方面组成的活动，我们更便于理解教学的目的，也符合我国对教学的习惯性的理解，便于我们对教学目的进行研究。

课程与教学目标是教育目标的下位概念，它是具体体现在课程开发与教学设计中的教育价值，如不同学科的目标、具体教学过程的目标。教学目标是“教学中师生预期达到的学习结果和标准”[①]，既包含了教师的预期，也包含了学生的预期。可以说，教学目标主要是教师对具体教学活动的设想和安排，是教学目的的具体表达，是学生预期的学习结果。教学目标又可分为一门科目的教学目标、年级教学目标、单元（或模块）教学目标、课时教学目标等多个层次。教学目标是学生需要掌握和形成的能力、态度、习惯和知识的内容及其形式，是一定教育阶段的学生在发展品德、智力、体质等方面期望达到的程度。简而言之，教学目标就是学生在教育教学活动中的预期学习结果。

教学目的与教学目标虽然有一致之处，但也存在一定的区别。20世纪20年代以来，英语国家的教育文献中对“目标”（objective）与“目的”（goal或aim，intention）已经有了较为明显的区别。“Objective”一词原意是流水线上生产出的产品，把这个词引入教育领域，体现出用预期达到的教育结果来支配教育行动的思想。因此，教学目标是预期的，是在具体情景下学生行为变化的结果，是用“学生学会了什么”的说法来表示的；而“目的”一词的涵义往往与教育者的主观愿望等同，它通常是指某一社会或国家为实现教育目的，在教学领域给教师提出的一种概括性的总的要求，因此它是一种应然状态的理想，一种方向、指针，而且还隐含着有可能无法实现的意思，时间的跨度也比较长。目标通常是策略性的，是可观察、可明确界说、可测量、可评价的，而且还有时间、情景等条件限制，然而它是目的的具体化。目的与目标的关系是一般与特殊、普遍要求与具体结果的关系[②]。

教学目的又是与教学目标紧密联系在一起的。有人认为教学目的有广义和狭义之分。我们如果把教学目的放在非常广义的、宏观的角度分析，教学目的与教育目的就没有什么区别了，教学的目的也就是教育的目

① 顾明远. 教育大辞典（增订合编本）[M]. 上海：上海教育出版社，1998：717.

② 施良方，崔允漷. 教学理论：课堂教学的原理、策略与研究[M]. 上海：华东师范大学出版社，1999：139.

的。只有把教学目的限定在适当的范围,也就是教学活动的范围,我们才能有效地把握教学目的,确定科学的教学目的,进而指导我们的教学实践。在这种情况下,教学目的就有必要转化为教学目标。

从语言的角度分析,教学目的、教学目标实际上只有层次上的不同,并没有实质性的差别。教学目的和教学目标的关系实际上就是一般和特殊的关系,我们可以把教学目的称之为方向目标,把教学目标称之为到达目标。

如果我们把教学目的看成是一般的、较为普遍的要求,或总体的要求,而把教学目标看成是较为具体的、部分的、不同方面的要求,我们就既能够把握教学的总体方向,也能够把握具体的教学目标,就能够把方向性与操作性结合在一起,教学目的与教学目标的作用也才能发挥出来。

教学目的是一种关于教学过程预期结果的价值取向。教学目的应该促进人在道德、智力、体力等方面的发展。这种发展应该是教学目的的制定应坚持的基本观点。在某种程度上,教学目的与教育目的、教学目标具有一致性。

(二)教学目标的划分

教学目标有几个层次,新的基础教育课程改革提出了三维目标:知识与技能,过程与方法,情感、态度和价值观,这实际上是教学目标在新时代的发展,是教学目标时代精神的体现。教学目标的多样化是时代的需要和教学目标发展的必然结果。

教学目标也可以进行更进一步的划分。例如,在习惯上,教学目标可以划分为三级水平:一是记忆水平,这种水平的目标强调学生对知识和技能的记忆,学生只要记忆了相关知识,也就达成了教学目标;二是理解水平,是在记忆的基础上达到对知识的理解,也就是人们习惯上提到的“知其然也知其所以然”;三是应用水平,就是在记忆、理解的基础上,能够运用知识和技能解决相关问题。应用水平的目标可以划分为两个层次:低级层次是简单应用水平,也就是用所学的概念、原理和理论分析和解决学习中的各种问题,例如解应用题;高级层次是综合应用水平,就是能够综合运用自己所学的各种知识和技能解决现实工农业生产和社会生活中的各种问题。例如，对于环境保护问题，究竟如何解决，这就不是一个简单的解应用题的问题，而是要运用自然科学、社会科学、经济学、法律、教育、管理等方面的知识和技能去解决这一复杂问题，这就要综合运用各种知识。

根据美国学者布鲁姆的分析，教学目标可以划分为认知领域、情感领域和动作技能领域等不同的领域：认知领域的目标分为知识、领会、应用、分析、综合、评价几个层次；情感领域的目标划分为接受、反应、价值评估、组织、性格化几个层次；动作技能领域的目标划分为反射动作、基本—基础动作、知觉能力、体能、技巧动作、有意沟通几个层次[①]。

在我国的相关文献中，将课程与教学目标分为四类：(1)认知类，包括知识的基本概念、原理和规律，理解和思维能力；(2)技能类，包括行为、习惯、运动及交际能力；(3)情感类，包括思想、观点和信念，如价值观、审美观等；(4)应用类，包括应用前三类来解决社会和个人生活问题的能力[②]。

(三)教学目标形成的几个环节

教学目标的形成至少应该包括目标分解、任务分析、起点确定和目标表述几个环节。

1.目标分解

目标分解就是把学生应该掌握和形成的知识与技能等要素具体化、结构化。首先，要对学生的知识和技能结构、学习需要和兴趣进行分析，了解不同学生的学习需要，以满足不同学生合理的兴趣和需要为目标制定的出发点。其次，要进行教学目标的分解，使教学目标形成系统。既有整体的、一般的教学目标，又有个别的、不同学生的具体的教学目标；既有长期的教学目标，又有中期的、短期的阶段性的教学目标；既有不同学校的培养目标，又有学科教学目标、年级教学目标、单元教学目标和课时教学目标。最后，要进行学习任务的组织，把为不同的学生准备的不同的学习任务合理地组织到教学活动之中，要按照全面、综合、有个性的要求进行组织，防止教学目标任务过高或过低。

---

① 黎加厚. 新教育目标分类学概论[M]. 上海：上海教育出版社，2010：148.

② 顾明远. 教育大辞典(增订合编本)[M]. 上海：上海教育出版社，1998：898.

2.任务分析

根据不同学生的知识与技能等的基础与水平,为不同的学生提出较为恰当的学习任务,这是现代教学追求个性化价值的重要体现。要制定教学目标就要对单元教学目标进行归类,使教学目标从教师头脑中的设想变成可以操作与评估的教学任务。不同的教学目标的实现要依靠完成具体的教学活动任务而实现,因此分析完成这些教学任务需要采用的方式方法,确定完成任务的先后顺序,都是制定教学目标的重要步骤。在制定教学目标时,要通过分析教学任务将教学任务系统化,确定教学要完成的基本任务,不同的学科要完成的任务,不同的教学活动要完成的任务,使教学目标由笼统变得清晰、具体,由抽象转化为具体,使之更加符合教学活动的需要。特别要注意,要对不同的学生提出不同的教学任务,使每个学生都能得到发展。

3.起点确定

起点确定是教学目标制定过程中的重要环节。教学目标的实现要在原有基础上进行,只有准确把握了教学的起点,也就是学生知识与技能的原有水平,才能有的放矢地进行教学。起点确定既可以是对全体学生知识与技能水平的整体把握,也可以是对具体某一个学生学习情况的掌握。因此,起点确定能够保证教学目标既不超越学生的接受能力和知识背景,又是学生经过努力可以实现的目标,从而使教学目标切实可行。

4.目标表述

目标表述就是把教学目标用文字的形式表达出来。虽然教师已经形成了教学目标,但如果不能及时表达出来,教学目标就存在着随时改变和不确定的因素。只有形成文字就成为可以参照、评价的目标,教学目标就有了规范,教学活动就有了方向,教学评价就有了依据。表述出来的教学目标要具有有效性、可行性、普遍性。有效性就是指教学目标要能够在教学中发挥作用,具有目标所具有的各种功能。可行性就是指教学目标要切实可行,在实践中能够付诸实施,具有可操作性。普遍性就是指教学目标对所有的学生都具有作用,教学目标不是最优秀学生才能实现的最高目标,而是大多数学生经过努力都可以实现的基本目标。教学目标也是衡量学生能否毕业、国家的教学目标是否得到落实的重要依据。

（四）教学目标设计的原则与步骤

合理的教学目标是保证教学活动顺利进行的必要条件。教学目标设计是对教学活动预期结果的规划，是教学设计的重要环节。

1.教学目标设计的原则

（1）发展性原则。教学目标设计最主要的目的是促进学生的发展，并且使教师在促进学生发展的同时也获得专业发展。因此，教学目标设计既要基于学生的实际，又要超越学生的现有水平，使教学目标指向学生发展的更高水平，这样，教学目标才能起到促进学生发展的作用。

（2）整体性原则。教学目标设计不能与教育总目标相悖，在设计教学目标的时候要有整体的、全局的观念，使教学目标与教育总目标相符合。另外，教学目标设计的具体内容要浑然一体，既要有知识与技能方面的，也要有过程与方法方面的，还要有情感、态度、价值观方面的，并且要保持三者的和谐一致。

（3）可行性原则。教学目标的设计要考虑到其实现的各种可能性，要考虑制约教学目标实现的各种条件。因此，教学目标的设计要适当，符合学生的现有发展水平，考虑到学生个体之间的差异，保证普适性目标全体学生都能达到，发展性目标优生能“吃饱”。就是说，教学目标应该是能够顺利实现的、可行的目标。

（4）可操作性原则。教学目标对知识与技能在陈述上不宜用含糊不清、缺乏质和量规定的“了解”、“理解”、“掌握”等词，必须用可观察和测量的行为动词来描述学生所形成的具体行为，要符合学生的认知水平，陈述词要具体、细腻，这样才能保证教学目标具有一定的可操作性，发挥其强大的激励、指导与聚合功能。

（5）阶段性原则。不同阶段的教学目标设计的侧重点是不同的，因此，教学目标的设计应该遵循阶段性原则，突出每个阶段的特点，并且使这些阶段具有一定的连贯性。如小学低年级学段要侧重于学生养成良好的学习习惯，激发学生对学习的兴趣，为进一步学习打好基础；而中高年级学段则应侧重于培养学生的思维能力，发展学生思维的广阔性与创造性，使学生具有正确的学习态度，培养学生发现问题、解决问题的能力等。

2.教学目标设计的步骤

总体来看,教学目标设计包括目标分解、任务分析、起点确定、目标表述四个环节。从实践的的角度来看,教学目标设计包括学习者学习需要和兴趣分析、学习任务选择、学习任务组织、单元教学目标表述和归类几个环节。

(五)教学目标的陈述

第一,教学目标必须是分层次陈述的。国家制定教育方针或教育目的,制定义务教育阶段的课程标准;专家制定具体学科的目标和不同学段的目标;教师制定不同学习领域的目标和具体的教学目标。学科教学目标一般在一学期开始前制定,整个学期逐步落实;单元(章节)教学目标在每个单元(章节)教学活动开始前制定,在单元(章节)教学的过程中加以落实;课时教学目标在上课前要确定下来,在每节课的教学过程中逐个加以落实①。

第二,目标的陈述应该多样化。一种是结果性目标的陈述方式,主要应用于知识与技能领域,要明确告诉学生学习的结果是什么,所采用的行为动词要求明确、可测量、可评价。一种是体验性或表现性目标的陈述方式,主要应用于过程与方法、情感态度与价值观领域,要描述自己的心理感受、体验或明确安排学生表现的机会,采用的行为动词往往是体验性的、过程性的。

第三,把握行为目标陈述的几个基本要素。行为目标的表述,可以参照美国学者马杰(Mager, R.F.)提出的ABCD法,A为学习者(audience),B为行为(behavior),C为条件(condition),D为程度(degree)。如"在课堂练习中(条件),学生(主体)能用某某词造(行为动词)完整(表现程度)的句子",这种表述方法简单易行,便于教师掌握,但较难表达比较抽象的教学目标。

第四,行为主体是学生,而不是教师。

第五,行为动词应尽可能是可理解的、可评估的(表2-1)。

① 朱家存,王守恒,周兴国.教育学[M].北京:高等教育出版社,2010:232.

表2–1　新课程理念下的教学目标陈述实例[①]

学习水平	常用行为动词	举　例	
		语　文	数　学
知识	1.了解——说出、背诵、回忆、选出、举例、列举、复述、描述、识别、再认等 2.理解——解释、阐明、比较、分类、归纳、概述、概括、判断、区别、提供、猜测、估计、推断、检索、收集、整理等 3.应用——应用、使用、质疑、辩护、设计、解决、撰写、拟定、检验、计划、总结、推广、证明、评价等	会写、读准、认识、学习、把握、了解、写下、熟记 理解、展示、扩展、使用、分析、区分、判断、获得、表现、扩大、拓展 评价、掌握、运用、懂得、联系上下文	读、写、会用、认识、说出、识别、了解、辨认、描述 知道、表示、会画、确定、找出、获得、读懂分类、选择、比较、排列、理解、解释、判断、预测、推断、估计、设计、检验、运用、掌握、处理、推导、证明
技能	1.技能——模拟、重复、再现、例证、临摹、扩展、缩写等 2.独立操作——完成、表现、制订、解决、拟订、安装、绘制、测量、尝试、试验等 3.迁移——联系、转换、灵活运用、举一反三、触类旁通等	讲述、表达、阅读、复述、诵读、写出、倾听、观察、朗读、推想、揣摩、想象、转述、选择、扩写、续写、改写、发现、借助、捕捉、提取、收集、修改	口算、计算、测量、观察、操作、实验、调查、笔算
过程与方法	经历、感受、参加、参与、尝试、寻找、讨论、交流、合作、分享、参观、访问、考察、接触、体验等	感受、尝试、体会、参加、发表意见、提出问题、讨论、积累、体验、策划、交流、制定计划、收藏、分享、合作、探讨、沟通、组织	体验、感受、交流、解决问题、经历、发现、探索、感知、交换意见
情感态度与价值观	1.反应——遵守、拒绝、认可、认同、承认、接受、同意、反对、愿意、欣赏、称赞、喜欢、讨厌、感兴趣、关心、关注、尊重、采用、采纳、支持、尊重、爱护、珍惜、蔑视、怀疑、摒弃、抵制、克服、拥护、帮助等 2.领悟——形成、养成、具有、热爱、树立、建立、坚持、保持、确立、追求等	喜欢、有……的愿望、体会、乐于、敢于、抵制、有兴趣、欣赏、感受、愿意、体味、尊重、理解（别人）、辨别（是非）、品味、关心 养成、领悟	体会、欣赏、感受 养成、树立

① 朱慕菊. 走进新课程——与课程实施者对话[M]. 北京：北京师范大学出版社，2002:60–61.

第六，必要时，附上产生目标指向的结果行为的条件，这些行为条件是指影响学生产生学习结果的特定的限制或范围。对条件的表述有四种类型：一是关于使用手册与辅助手段，如“可以查字典”或“允许用数学用表”；二是提供信息或提示，如“在世界地图上，能……”；三是时间的限制，如“在20分钟内，能……”；四是完成行为的情景，如“在课后，能……”等。

第七，要有具体的表现程度。如“50%的学生能在10分钟内完成”，“80%的学生能在15分钟内完成”，“每个学生至少写出三种方案”，“80%的学生都能掌握两种解题方案”等。教学目标的具体表现程度应是学生学习活动结束以后预期达到的最低水平。

第八，表现性目标的叙写只是指出学生学习的项目或问题，不指定学生的学习结果。艾斯纳认为“表现性目标的陈述可以是：①阅读并解释《失乐园》的意义；②考察与欣赏《老人与海》的重要意义；③通过使用铁丝与木头制作三维结构；④参观动物园并讨论那里有趣的事情。这些目标并不期望指明学生在参加这些教育活动后能做什么，而是识别他们将际遇的形式”[①]。根据学生经历的种类，通过描述学生自己的心理感受、体验，或者明确安排学生表现的机会，师生可以获得评价所需的材料。表现性目标叙写所采用的行为动词往往是体验性的、过程性的，指向无需结果化的或难以结果化的目标。如“用不同的物体和方法制造声音，描述自己对这些声音的感受”等。

第九，教学目标应以教案的形式呈现。当然，教学目标的表述也不要过于烦琐，成为教师一个很重的负担。

三、教学内容设计

帮助学生掌握课程内容是现代教学活动的主要任务。教学内容是教师和学生进行教学活动的重要依据，是学生认识和掌握的主要对象，表现为各门学科中的事实、观点、概念、原理和问题。教学内容是根据教育目的、学生的年龄特点而从人类千百年认识成果中精选的特殊的认识系统。教学内容既相对独立，又相互联系，是一个纵向深入、横向沟通联络

① EISNER, E.W. Instructional and expressive objective[M] //Golby, M., Greenwald,J. & West, R. Curriculum design. Ed. Manuka Australia: Croom Helm london,1975:352.

的内在完整结构。在教学活动中，教师与学生通过交往活动对这些内容进行阐释与分析，使之逐渐为学生所接受和掌握，实现由书本知识、教师知识向学生的观念、知识、技能等素质的转化。因此，教学活动是一种转化性的实践活动。

（一）教学内容的载体

教学内容一般以课程计划、课程标准、教材为载体。

1.课程计划

课程计划即某类某级学校课程的总体规划。在我国，课程计划是由国家教育主管部门制定的有关教学和教育工作的指导性文件。它规定了不同课程类型相互结构的方式，也规定了不同课程学习方式的要求及其所占比例，同时对学校的教学、生产劳动、课外活动等作出全面安排，具体规定了学校应设置的学科、课程开设的顺序及课时分配，并对学期、学年、假期进行划分。日本将这类文件称为"学习指导纲要"，东欧和俄罗斯称其为"教学计划"。课程计划是制定课程标准的依据。

2.课程标准

课程标准即确定一定学段的课程水平及课程结构的纲领性文件，即对不同阶段的学生在知识与技能、过程与方法、情感态度价值观等方面的基本要求。课程标准是整个基础教育课程改革系统工程中的一项枢纽性工程。

课程标准是教材编写、教学、评估和考核命题的依据，是国家管理和评价课程的基础。课程标准具有以下特点：①按门类制定；②规定本门课程的性质、目标和内容框架；③提出指导性的教学原则和评价建议；④不包括教学重点、难点、时间分配等具体内容；⑤规定不同阶段学生在知识与技能、过程与方法、情感态度价值观等方面所应达到的基本要求。

课程标准涉及课程目标、课程改革的基本理念和课程设计思路；涉及学生学习的过程和方法，以及伴随这一过程而产生的积极的情感体验和正确的价值观。课程标准主要包括前言、课程目标、内容标准和实施建议四部分。

（1）前言部分。前言部分对课程的性质、价值和功能进行定性描述，阐述各学科课程领域改革的基本理念，并对课程标准的设计思路做详细的说明。

如义务教育阶段物理课程标准的基本理念是：①注重全体学生的发展，改变学科本位的观念；②从生活走向物理，从物理走向社会；③注重科学探索，提倡学习方式多样化；④注意学科渗透，关心科技发展；⑤构建新的评价体系。

(2)课程目标部分。这一部分阐明各门学科在知识与技能、过程与方法、情感态度价值观等三个方面共同而又各具特点的课程总目标和学段目标。

(3)内容标准部分。这一部分按照学习领域（如数学课程：数与代数、图形与空间、统计与概率、实践与综合运用等）、主题（如生物课程：生物与环境、生物圈中的人等）或目标要素（如英语课程：语言技能、语言知识、情感态度、学习策略、文化意识等），阐述学生在不同阶段应实现的具体学习目标。对于学生的学习结果，由尽可能清晰的，便于理解及可操作的行为动词，从知识与技能、过程与方法、情感态度价值观三方面进行描述。

课程标准中的目标，主要按结果性目标和体验性目标来描述。结果性目标主要用于对“知识与技能”目标领域的描述，而体验性目标则主要用于反映“过程与方法”、“情感态度价值观”等目标领域的要求，并尽可能地采用利于理解、利于操作和评估的行为动词来描述。

(4)实施建议部分。这一部分提供关于教与学的建议，教材编写建议，评价建议，课程资源开发与利用建议等。

此外，课程标准中的“内容标准”和“实施建议”均提供典型案例，便于使用者（教师、教材编写人员、教育管理者等）准确理解课程标准，切实感受课程标准的理念及其设计思想，为具体实施课程标准提供可资借鉴的案例，从而尽可能减少课程标准在实施过程中的差漏。

课程标准是教材编写的依据，教材则是对课程标准的再创造和再组织，教材的编写和实验可以检验课程标准的合理性。

3.教材

教材的三个基本要素，即信息、符号、媒介，所构成用于向学生传授知识、技能和思想的材料称之为教材。教材的定义有广义和狭义之分。广义的教材指课堂上和课堂外教师和学生使用的所有教学材料，比如课本、练习册、活动册、故事书、补充练习、辅导资料、自学手册、录音带、录像带、计算机光盘、复印材料、报纸杂志、广播电视节目、幻灯片、照片、卡片、教学实物等。教师自己编写或设计的材料也可称之为教学材料。另外，计算机网络上使用的学习材料也是教学材料。总之，广义的教材不一定是装订成册或正式出版的书本，凡是有利于学习者增长知识或发展技能的材料都可称之为教材。

狭义的教材就是教科书。教科书是一门课程的核心教学材料。从目前来看，教科书除了学生用书以外，几乎无一例外地配有教师用书，很多还配有练习册、活动册以及配套读物、挂图、卡片、音像带等。

很显然，广义的教材既包括课堂教学的教科书，也包括其他所有有利于学生学习的材料；狭义的教材即教科书。

教材的组织和编排方法多种多样。教材的组织有以下几种方式：其一，逻辑式组织。按照有关科学知识的内在逻辑顺序组织教材。其二，心理式组织。以学生为本位，注重学生的兴趣、需要和能力，强调以学生的经验作为教材组织的出发点，逐步扩大教材的内容范围，使学生愿学、乐学，而较少考虑知识体系的完整性。其三，折中式组织。兼顾学科与学生两方面的需要和情况，择采两者之长。不过在兼顾学科与学生这两方面时，在不同的学科和学生不同的学习阶段，又有所侧重。

教材的编排决定一个年级中某门学科的教学内容将按照怎样的次序组成，或这门学科内容在几个年级中的排列次序。教材的编排方式一般有两种：其一，直线式排列。这种排列方式是对一科教材内容采取环环相扣、直线推进、不予重复的排列方式。也就是说，在教材的内容排列中，后面不重复前面已讲过的内容。其二，螺旋式排列。它针对学习者的接受能力，按照繁简、深浅、难易的程度，使一科教材内容的某些基本原理重复出现，逐步扩展，螺旋上升。

教材的类型也是多种多样的。教材实际上是一个日益复杂、多种多样的体系，可从教材内容与教材形式两个不同纬度来划分教材的不同类型。在实践中，中小学教材常见的类型有以下几种：①知识中心式教材。它以知识为中心内容，强调知识的系统性和逻辑体系的严密性，为最原始的教材设计类型。②范例式教材。它是以基础的、本质的、有代表意义的内容为范例而编写的教材，目的是使学生面对问题情境而展开学习活动，着重培养学生的独立思考和判断能力，起到触类旁通、举一反三的作用。③经验中心式教材。这种教材又称为生活中心教材，它以人类的衣食住行等为选材内容，直接培养学生的社会生活能力。④社会中心式教材。这种教材设计以社会需求和社会问题为核心内容，目的在于增进学生适应社会和解决社会问题的能力。⑤人本中心式教材。这种教材设计以发展学生的天赋才能及适应学生个别差异为原则，是西方学者马斯洛、罗杰斯等在20世纪六七十年代提出的。

此外，在编制中，教材要遵循一定的基本理论：第一，要体现学科体系、社会需求和学生发展的统一；第二，体现知识传递、能力训练与思想教育的整合；第三，更新教材内容与筛选传统内容相结合；第四，按照学生心理发展的特点组织教材内容。

如何确定教学内容呢？实际上，教学内容既然以课程计划、课程标准、教材为载体，那么，教学的目的就是帮助学生掌握教材所安排的内容。因为，课程计划只是一个总体的教学科目的安排，而课程标准主要用来为教师有计划地进行教学提供指导。学生知识的来源主要是教材。因此，教学内容主要是教材所含的内容。教学内容的安排和确定也就主要是教材内容的安排。

教学内容设计是教师认真分析教材、合理选择和组织教学内容以及合理安排教学内容的表达或呈现的过程。教学内容设计是教学设计的核心和关键环节，是教学设计的主体部分，其质量高低直接影响教学的质量。

（二）教学内容设计的依据

一般来说，教学内容是以教学目标为依据，但教学内容的设计有其内在的逻辑，特别是在教学内容组织方面，客观地存在着不同的要求。同时，教学内容设计要从我国教学实际出发，根据学科的性质与特点、学生的年龄、基础与精神状态、教学方法的适应性来进行。

教学内容设计也要根据教学知识的类型进行，对每一种不同的知识类型应有不同的关注点。知识的类型不同，教学设计也不同。知识可分为陈述性知识、程序性知识与策略性知识三种。以掌握陈述性知识为目标的教学设计的基本环节是:首先进行教材的组织与呈现,然后要促进知识的理解,最后是复习巩固。以掌握程序性知识与策略性知识为目标的教学设计的环节是:首先习得概念、规则,然后设计变式练习与反馈。

(三)教学内容设计的要求

不少教师习惯上以备课的形式来进行教学设计。备课一般有两种基本方式:一种是经常性备课,一种是阶段性备课。经常性备课指的是教师在日常的工作生活过程中,经常性地阅读与所教学科及其教学内容相关的各种材料,不断提高专业素质的过程。教师要经常阅读教科书、教学参考书,还要阅读相关的杂志和报纸,阅读优秀教师、特级教师的教学经验介绍和优秀课例等,要经常阅读学术文章,了解本学科科学研究的最新成果,了解本学科发展的动态,及时把一些新知识、新信息补充到教学内容之中。要经常阅读优秀教师的教学设计技巧,对照比较自己的教学设计,使自己成为本学科的专家,为持续做好教学工作打下良好的基础。

阶段性备课指的是教师在教学活动过程的不同阶段所进行的对教学的设计与准备。教师阶段性备课一般分为以下几个阶段进行。

一是一学期教学工作的整体设计和准备。有的学校在上学期结束之前就把下学期教学工作任务安排给教师,教师也就知道了自己下学期的教学任务。这就要求教师在新学期开始之前,要把本学期全部教学任务进行整体设计和准备。例如,一个高中语文老师,要对本学期的教学通盘考虑,看共有几个单元的教学内容,每个单元各需要多少个课时,整体来说,课堂新课讲授多少课时,练习与作文等多少课时,复习、辅导等多少课时,其他教学活动,如讨论等多少课时。然后撰写出本学期的教学进度表或教学履历表,也称教学工作计划表。这样,一学期的教学工作就有了整体的计划,各项重要的教学内容和教学活动就可以根据计划有条不紊地推进。

二是单元教学的设计和准备。单元或章节有相对独立的教学内容,例如中学语文单元由记叙文、议论文、说明文、散文、小说、诗歌、古文等组成,每个单元的教学任务和要求不同,对于学生的发展来讲,每个单元又有不同的作用。一个单元一般需要两周左右的时间完成教学任务，在一个单元里，既有教师对经典课文的精讲，也有对有些内容的略讲，对有些内容还要指导学生自学。还要组织学生根据单元写作文、做单元练习，并要进行单元复习和单元检测。每一个任务的完成都需要课时，这样一个单元可能划分为十多个课时，各自完成一定的任务。教师在单元备课时，就要对整个单元的教学时间进行科学规划，既不能浪费时间，也不能加重学生的学习负担。这个计划或设计就是单元教学设计。

三是一节课的设计与准备。课堂教学是一节课一节课逐步展开的，学生知识、技能的掌握，个性的形成、观念的确立是在以课堂为主渠道的各种教学活动中逐步实现的。因此，教师应该对每节课都有好的设计，只有每节课或者大多数课都是有效的，在长期的教学活动过程中，才能促进学生的发展。一节课应该设计教学目标，要对内容进行设计，分清重点、难点，要设计教学活动过程和教学方法，要设计练习与作业，当然还应设计板书或教学课件。要根据一节课主要的教学任务、学生知识与技能的水平等进行设计，保证一节课教学任务的顺利完成。特别要注意对教学细节的设计，使教学有的放矢，高效运行。

备课至少要达到“三备”，即备学生、备内容、备教法。从教学内容设计的角度看，要达到“懂”、“透”、“化”的程度。“懂”，要求教师对教学内容本身要“懂”，达到完全理解和掌握；“透”，要求教师要对教学内容在“懂”的基础上达到透彻的理解，对知识产生的过程、相关概念与定理、原理之间的相互关系、因果关系等了如指掌；“化”，要求教师要在“懂”和“透”的基础上，把教学内容“化”为自己的理解、自己的语言、自己的信念和思想。这样教师才能对教学达到得心应手的状态，才能照顾学生的个别差异，才能对教学活动和学生学习的精神状态进行调控，才能与学生进行生动、自然、深入有效的交流，才能防止在教学过程中照本宣科，扭转“教教材”的尴尬局面。

教学内容设计是对教学内容进行分类和重新组织。教师要把教学内容划分为重点、难点、关键知识点，要设计先教什么、后教什么，要设计教学的容量，解决内容太多、学不懂和内容太少、教学效率低的问题。要选择精讲内容和略讲内容，以及学生自学、师生讨论等内容，还要设计练习和课外阅读、课外作业等。教学内容设计科学合理，有助于达到教学的高效率，使教学具有较强的学术性，还可以避免学生学习负担过重的问题。

教学内容设计还要考虑到课的类型和结构。一般而言，课的类型可以根据教学内容和教学任务的多寡来加以划分，只有一个教学内容和任务的课称为单一课，有两个以上内容和任务的课称为综合课；课的类型也可以根据教学的策略进行划分，常见的课的类型有讲授课、讨论课、练习课、复习课、作业课、实验课、操作课、实习课、作文课、自读课、自习课等多种类型。课的类型不同，教学内容设计应该不同。因此，我们不可能设计一个适合所有学科、所有学生、所有课型的教学方案，而应根据学科性质和特点、教学任务、学生特点和课型等，选择最适宜的教学设计方法，设计出具体多样的教学内容结构形式。

教师教学设计或备课的表现形式就是教案。教案是一种用书面文本把备课的成果呈现出来的基本形式。习惯上，教材、教学参考书、教案是教师课堂教学工作的三件“法宝”。其中教案是教师自主地将自己的知识结构与客观的教材、教学参考资料的知识结构联系起来的纽带，是教师课堂教学的主要依据。教师没有教案去上课，常被看成是不负责任的教师。教案也成为许多中小学检查教师教学工作的重要“物证”。对待教案我们应该有正确的态度。如果过分依赖教案进行教学，往往会出现照本宣科的现象，有的教师戏称“走教案”，教师也易成为教案的奴隶，很难发挥主体性。如果没有教案，也就是教师没有书面的教案，可以通过写提纲、制作课件、卡片，或在教材上批注、圈点等方式备课。这对于有丰富教学经验的教师来讲，更易于发挥创造性，取得好的教学效果，教案的撰写也不再是教师一个负担。但对于新教师来讲，则易于造成无序教学或低效教学。当然，没有教案，并不意味着教师可以不备课，也不意味着该教师的课很差。因此，应该提倡新教师有教案，有详案，老教师则不需有这方面的要求。应该重视隐性备课，也应该提倡备课形式的多样化。教师可以大量地掌握与本学科有关的最新、最前沿的知识，成为专业的终身学习者，从更广泛的知识背景和更独特的方法角度去创造性备课，这种备课更符合现代教学的特点，更符合现代课堂教学的需要。

近年，随着教学研究的深入和教学实践的创新，“导学案”、“导学条”

逐渐代替了传统的教案。这是因为教学的本质观在发生变化，教学逐渐由教师教学生学习转变为教师引导学生学习，教学也逐渐由教师讲授学生接受转变为不断生成与建构的过程，教学更是演变为教师与学生的一种对话与交往活动。如果说教案的主要功能是便于教师如何教学生学习的话，那么，导学案、导学条的主要功能则是教师如何引导学生学习。在这种情况下，如何撰写导学案与导学条已经成为教师必须掌握的一项新知识、新能力。一般而言，导学案、导学条与教案有相似之处，但导学案、导学条更加关注学生如何学习，主要从学生学的角度进行设计，侧重对学生学习的目标、方法、过程的引导。

南京一中分校“导学条”

备课组：九年级语文备课组　　　时间2010年12月2日

课题：范进中举　班级：三年级四班　教师姓名：陈曦

一、学习目标

（1）品味语言，欣赏本文的讽刺艺术；（2）认识封建社会科举制度的罪恶。

二、自主学习

默读课文，根据表格内容在书上做圈点勾画。

变　化	中举前		中举后
经济条件			
社会地位	胡屠户语言（称呼、长相、学问……）、动作		
	众邻		
	张乡绅		

三、互助探究

找一找全文可笑的地方，读一读，想一想在笑的背后隐含着什么。

四、反馈练习

范进没有借到盘缠，仍到乡里应试，家里已饿了两三天时间，可见范进到城里参加乡试有两三天时间，本文对这一情节只字未提。请你发挥想象，写一写范进参加乡试后家里的情形，不少于300字。

五、学习反思

导学条的目的在于如何组织学生学习，整个教学环节共分为五个部分，实际上是学生要参与的五个活动，每个活动都安排了相应的学习内容。导学条每个学生各一份，学生根据导学条的要求和活动方式自主学习，教师发挥引导作用。

（四）新课程背景下教学内容设计的特点

1. 教学设计的“实质”是对课程的二次开发

教学内容是学生求得快速发展的主要“信息源”，对教学内容进行适合于学生学习、有利于学生发展的任务分析，即进行科学、客观的任务分析，已成为现代教学设计中的重要一环。不同地区、不同学校、不同班级的学生不仅在认知方面存在着差异，而且在价值观、情感态度和人际交往等方面也存在着差异，因而教学的内容并不是对每一个学生都具有“普适性”。为了促进学生的发展，任课教师在进行教学设计时，必须在对教学背景进行宏观、中观和微观分析的基础上，结合对学生初始才能的诊断性评价的反馈信息，对已开发出来的课程进行必要的再“开发”，即二次开发——对教学内容进行适合于学生学习、有利于学生发展的增删和重组，而不是一成不变地“复制”教科书上的内容。

需要注意的是，“教学内容通常都有一定的结构体系，可划分为课程、单元和课题等层次，即一门课程可以划分为若干单元，一个单元可以划分为若干课题”①。因为课堂上学生要学习的课题内容与单元内容以及整门学科的内容之间或多或少存在着“某种”联系，所以教师对课题内容的设计应以对单元和学科内容的分析为基础，处理好学科内容、单元内容和课题内容之间的关系，使教学内容设计达到前后呼应、相得益彰的效果。

2. 教学设计的“内容”是知情合一的统一体

传统的教学设计过分注重学生的智力因素，有意或无意地忽视了学

① 沈建民. 论基于新课程的教学过程及设计[J]. 课程·教材·教法，2003(9)：25–28.

生发展所必需的非智力因素。在传统的教学设计中，教师对学生学习任务的分析往往只涉及各知识点及其组成的知识结构以及掌握知识所需要的基本技能等智力因素，而对教学过程的有效推进、学生的全面发展具有促进作用的诸如兴趣、动机、意志和情感、态度及价值观等非智力因素考虑很少或没有。这对学生人格的健全发展是不利的。《基础教育课程改革纲要（试行）》指出，要改变课程过于注重知识传授的倾向，强调形成积极主动的学习态度，使获得基础知识与基本技能的过程同时成为学会学习和形成正确价值观的过程。这就要求教学设计不仅要关注基础知识和基本技能，而且要挖掘有关情感等非智力因素，使教学设计的内容既包括智力因素又包括非智力因素，成为“知情合一”的统一体，通过教学过程的有效展开，使学生在学习“双基”的同时能获得积极的情绪和愉悦的情感体验，在此基础上使学生逐步形成积极、主动的学习态度，最后促使学生形成正确的价值观。

3. 教学设计的“成果”是一个指导性的动态方案

传统的教学设计是以教师的教和书本知识为本位，从教师的主观判断或教学经验出发，往往侧重于教学过程的程式化，特别是细节化的准备，具体化、书面化为一个“静态”的计划性的教案。这能适应教师单向的“传递”活动，但不能适应交往互动的教学过程。为了在教学过程中使师生之间达到“平等交往、积极互动、共同发展”的效果，现代教学设计应以学生的学习和学生的发展为本位，从学生学习的实际出发，以粗线条的“静态教案”为基础，综合考虑教学过程中的各种不确定因素，注重教学方法，特别是多种教学思路的设计，为教学过程的动态生成创造条件，并把教学方案具体化为有助于学生学习和有利于促进学生有个性、可持续、全面和谐发展的指导性的动态方案——“弹性化的教学方案”。因此，教学设计的“成果”不应是一个计划性的静态教案，而应是一个指导性的动态方案。

四、教学过程设计

（一）教学过程设计的主要方法

教学是学生在教师的指导下，掌握文化知识和技能，进而发展能力、增强体质、形成思想品德的过程。教学目的不同,教学过程和教学过程设计也就不同。

传统教学论的创始人赫尔巴特(J.F.Herbart)早就提出了教学过程的四阶段学说,即“四段教学法”,把教学过程划分为明了、联想、系统、方法。后来,他的学生齐勒尔(T.Ziller)与莱茵(W.Rein)等人鉴于四阶段学说的模糊性,把“四段教学法”改为“五段教学法”,把教学过程划分为预备、提示、比较、总括、应用。苏联教育家又把教学过程划分为更加清晰的五个阶段,即组织教学、复习旧课、讲授新课、组织练习、布置作业,从而使“五段教学法”更加切合教学实际,也易于为广大教师学习和接受。

根据我国教育实际,我国教育学者对五段教学法又进行了完善和发展,把五段划分为七段,即组织教学、复习旧课、导入新课、讲授新课、组织练习、检查总结、布置作业(表2–2)。这一教学过程设计符合大多数以知识传授为目的的课堂教学的实际,也容易为广大教师学习和接受。当然,随着教学理论和实践的发展,传统教学过程设计的理念和方法不断受到挑战,探索新的教学过程成为教学理论发展的必然。

表2–2 传统教学理论提出的教学过程设计

提出者	教学过程的不同阶段						
赫尔巴特	明了				联想	系统	方法
齐勒尔	预备		提示		比较	总括	应用
苏联教育家	组织教学	复习旧课		讲授新课		组织练习	布置作业
我国教育学者	组织教学	复习旧课	导入新课	讲授新课	组织练习	检查总结	布置作业

与传统教学过程观不同的是,以杜威为代表的现代派教学理论家,也提出了教学过程的阶段理论,一般被称为“五步教学法”,把教学过程划分为情境、问题、假设、推演和验证。首先,要创设教学情境,在一定的教学情境下,诱导学生产生问题,并对问题及解决问题的思路提出假设,然后对所提出的假设在理论上、逻辑上进行推演,最后引导学生在实践中加以应用,以验证所提出的假设,帮助学生掌握解决问题的技能。

杜威认为,思维过程可以分为五个步骤:①疑难的情境,处于困惑、迷乱、怀疑的状态。②确定疑难所在,并从疑难中提出问题。③通过观察和其他心智活动以及搜集事实材料,提出解决问题的种种假设。④推断哪一种假设能够解决问题。⑤通过实验,验证和修改假设。

这种思维过程一般被后人称之为"思维五步"。杜威指出,这五个步骤的顺序并不是固定的,也不依固定的顺序出现,在实际中有时两个步骤可以结合起来,有时几个步骤可以匆匆掠过。但是,儿童只有处于直接的经验的情境,亲身考虑问题的种种条件,寻求解决问题的方法,才能算是真正的思维①。

以美国教育心理学家和程序教学专家斯金纳为代表的行为主义教学理论家,以行为主义心理学为指导,提出了程序教材编写的"小步子"、积极反应、及时强化、自定步调等原则,并提出了教学过程设计的主张。他们认为,根据"刺激—反应—强化"的操作条件反射原理,教学过程应设计"问题(刺激)—解答(反应)—确认(强化)"几个步骤。

美国教育心理学家布鲁姆在对正态分布批评的基础上提出了掌握学习教学模式。他认为,"在适当的条件下,几乎所有的人都能学会学校所教的知识"。他提出了掌握学习包括的几个步骤:划分教学单元,制定教学目标;实施诊断性测验;学习目标定向,实施集体教学;进行形成性测验,提供反馈信息;矫正学习和深化学习;实施平行性的形成性测验;实施总结性测验。掌握学习教学模式特别需要注意两点:一是实施反馈教学;二是师生双方对"掌握学习"都要抱有信心。

美国教育心理学家布鲁纳根据其认知心理学原理提出了发现教学模式。他认为"发现教学"的一般程序是:提出问题;创设问题情境;提出假设;评价,验证,得出结论。实施发现教学,教师应注意以下问题:一是鼓励学生积极探索;二是合理安排教学序列;三是培养学生运用假设解决问题的技能。

美国心理学家罗杰斯以源于他的"非指导性"咨询理论的人本主义心理学为基础,着眼于学习者的人格发展,提出了以学习者为中心的"非指导性"教学模式。该模式认为教学序列应分为以下几个阶段:阐明辅助情

---

① 滕大春.外国教育通史(第五卷)[M].济南:山东教育出版社,1995:310-311.

境；提出问题；提供资源，共同讨论。在非指导性教学中，教师应注意：一方面创设心理自由和心理安全的环境，另一方面建立良好的师生关系。为此，要求教师要具备以下态度品质：以真诚的态度对待学生；无条件地接受学生；“移情性理解”学生。

（二）课时设计

教学过程设计实际上是对教学时间的设计。学校教学活动总是在一定的时间内进行的，教学时间是影响教学活动的一个重要因素，控制和利用教学时间在一定程度上也就意味着控制和优化教学活动。教学时间设计应该注意：把握好整体时间分配，保证学生的实际学习时间，科学规划单元课时，注意学生的专注学习时间，防止教学时间流失。课时设计中还要了解教学目的和目标，了解学习者，了解学科内容，了解教学策略，能从日常经验和课堂反馈中获得隐含的知识。

讲授课的课时程序一般可以设计多个环节。①吸引注意：1～5分钟；②把目标告诉学习者：1～3分钟；③激发学生回忆与任务相关的先前知识：5～10分钟；④呈现刺激材料：10～20分钟；⑤引发期待行为：10～20分钟；⑥提供反馈：5～10分钟；⑦评估行为：0～10分钟。

五、教学设计的基本程序

教学设计的基本环节是什么？以研究学习目标而著名的美国学者马杰指出：教学设计由三个基本问题所组成。首先是“我要去哪里？”即教学目标的制定；接着是“我如何去那里？”即包括学习者起始状态的分析，教学内容的分析与组织，教学方法与教学媒介的选择；最后是“我怎么判断我已到达了那里？”即教学评价。就是说教学设计是由目标设计、达成目标的诸要素的分析与设计、教学效果的评价所构成的三环节的有机整体。其中，教学目标既是课堂教学的起点，又是课堂教学的归宿。课堂教学设计的基本内容包括：学习背景分析，学习需要分析，学习任务分析，学习者分析，学习目标的制定和评价，教学策略的制定，教学媒体的选择，教学评价等。

美国学者迪克·卡里提出的系统教学设计模式，把教学设计分为以下几个环节[①]：

(1)确定教学目标。是要明确在教学之后学生应该能够做什么。教学目标的依据包括教学目的、学生需求评估、现实中的学习问题，以及工作分析或其他一些因素。

(2)进行教学分析。在教学目标制定后，设计者要确定教学目标中包含的学习类型，以及分析完成目标任务所需要的步骤。同样，设计者也要对完成目标能力所需的子技能进行任务分析，通过这种分析，可以得出完成这一目标所需要的能力或子技能，以及这些能力之间的关系。

(3)确定起点状态。除了目标能力中的子技能和任务操作的步骤外，设计者还需要明确在教学之前学生必须先具有何种知识或技能。这并不是讲要把学生所具有的知识和技能都罗列出来，而是针对这一目标的教学，学生应该具备何种知识与技能。同样，设计者还应该明确对本教学活动有重要影响的学习者另外的一些特征。

(4)制定行为目标。在教学分析和起点能力确定的基础上，设计者还要详细描述在教学任务完成之后，学生应该能做什么或者有怎样的表现。行为目标的陈述内容包括学习者将要学习的行为，行为发生的条件及完成任务的标准。

(5)编制参照标准测验。测验项目测量的内容应该是行为目标中所揭示的学习者的学习能力，故设计者应注意测验项目与行为目标的一致性。

(6)选择教学策略。在前面五个步骤确定之后，设计者要考虑如何形成教学策略，如教学前或教学后的活动安排，知识内容的呈现，练习与反馈和测试等。

(7)设计和选择教学材料。在确定运用何种教学策略后，设计者需要考虑采用何种教学材料，进行何种教学活动，如材料准备、测验和教师的指导等。选择这些材料、活动依赖于可利用的教学手段、教学素材和教学资源。

(8)设计和进行形成性评价。其形式可以是个别、小组和全班的测试。每一种评价的结果都为设计者提供可用于改进教学的数据和信息。

(9)修改教学。在形成性评价之后，设计者总结和解释收集来的数据，

① 王守恒，查啸虎，周兴国. 教育学新论[M]. 合肥：中国科学技术大学出版社，2005：259-261.

确定学习者遇到的问题以及发生这些问题的原因，并修改教学步骤。修改教学还包括对行为目标进行重新制定或陈述，改进教学策略和方法，从而导致有效教学。

（10）设计和进行总结性评价。尽管总结性评价是确定教学是否有效的步骤，但由于这一步骤是评价教学的绝对价值和相对价值，是教学结束时所进行的，并且通常总结性评价并非由教学设计者来设计执行，因此这一步骤通常不被认为是教学设计过程中应做的工作。

我国学者邵瑞珍把教学设计分为陈述目标、分析任务、确定学生原有水平、课堂教学活动设计、教学、评定等几个步骤。

（1）陈述目标。尽量用可观察和可测量的行为术语陈述预期学生要获得的学习结果。

（2）任务分析。分析从学生原有的水平到达教学目标之间所需要的从属的知识与技能，并确定它们之间的层次关系。

（3）确定学生原有水平。根据学生的原有基础确定达到教学目标的起点能力。

（4）课堂教学活动设计。根据教师在任务分析中所确立的概念与技能，选择适当的教学手段和活动准备。此阶段的设计必须建立在任务分析的基础之上。

（5）教学。指课堂上教师和学生之间的信息传播与反馈的过程，其一般模式是：呈现教材—学生反应—强化校正反馈。这一步骤是第四步的实施或执行。

（6）评定。对照教师提供的教学目标，确定每一个学生是否达到规定的教学目标。如教学目标已达到，则一次完整的教学过程已完成，这一新的学习结果就成为下一轮学习的起点（原有水平）。如果未达到教学目标，就应找出原因，提出补救措施和修改教程，重新进行任务分析工作。这里可能出现两种情况：一是原先的任务分析是正确的，问题出在课堂上师生互动作用过程中，如学生未认真参与教学活动，补救办法是加强对学生学习态度教育，让学生重新参与教学活动，直到达到目标为止；另一种情况是在任务分析阶段有错误，如教师分析任务时可能忽略了在达到终点目标之前的必要的准备性知识或技能，补救办法是补上必要的先决知识或技能，然后再进入正式的教学流程。

六、教学设计模式

模式，通常是指可以使人模仿的系统化的、稳定的操作样式，它表现为某种规范的结构或者框架。教学设计的模式是经过长期的教学设计实践活动所形成的教学设计的系统化、稳定的操作样式，它用简约的方式，提炼和概括了教学设计实践活动的经验，解释和说明了教学设计的理念和有关理论①。教学设计模式既是教学设计理论的具体化，又是教学设计实践活动的升华，同时具有理论和实践的特征：第一，可以为教学设计的实践提供直接的指导。第二，可以为教学设计的理论研究提供资料、素材。教学设计模式包含了关于教学设计的理论、指导思想，这些教学理论可以转化为教学设计的理论，成为教学设计理论研究的来源。第三，可以为教学管理决策提供指南和依据。

（一）教学设计的一般模式

教学设计的模式是一系列程序化的步骤，因此，教学设计的模式也往往表现为一个有序的过程。关于教学设计，目前有许多不同类型的理论模式，我们可以从各种理论模式中抽取出一些基本组成部分，如学习需要分析、学习内容分析、学习目标的阐明、学习者分析、教学策略的制定、教学媒体的选择和利用以及教学设计成果的评价，构成教学设计的一般模式（图2–1）。

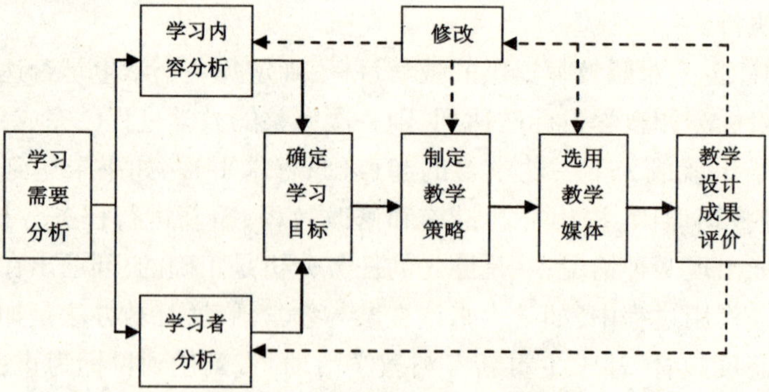

图2–1　教学设计的一般模式

① 周兴国，段兆兵. 课程与教学论[M]. 合肥：中国科学技术大学出版社，2012：191.

从这七个基本组成部分中还可以进一步抽取出以下四个最基本的环节(或要素):分析教学对象,制定教学目标,选择教学策略,开展教学评价。各种完整的教学设计过程都是在这四个基本要素(学习者、目标、策略、评价)的相互联系和相互制约所形成的构架上建立。

(二)教学设计的典型模式

教学设计理论是20世纪60年代初期形成并逐步发展起来的,在这个过程中,各个流派的教学设计理论及其相应的教学设计模式不断出现。一般来说,可以从教学设计的理论基础,特别是学习理论的角度将教学设计划分成三大类典型模式,即"以教为中心"的教学设计,"以学为中心"的教学设计和"主导—主体结合"的教学设计。

1."以教为中心"的教学设计模式

"以教为中心"的教学设计,有时又称为基于课堂教学的教学设计。20世纪90年代以前的教学设计基本上都是以教为主,即面向教师的"教",其主要内容是研究如何帮助教师把课备好、教好,而很少考虑如何促进学生自主地学。这种以教为主的教学设计(也称传统教学设计)通常包含下列步骤(图2–2):

(1)确定教学目标(我们期望学生通过学习应达到的结果);

(2)分析教学目标并根据分析结果确定教学内容(为达到教学目标所需掌握的知识单元),至于教学顺序(对各知识单元进行教学的顺序)可以通过教学目标的分析来确定,也可以通过其他方法确定;

(3)分析学习者特征(是否具有学习当前内容所需的知识基础,以及具有哪些认知特点和个性特征等);

(4)根据教学内容和学习者特征的分析确定教学起点(即确定在哪种难度等级和知识基础上对当前的学习者施教);

(5)根据教学目标、教学内容和教学对象的要求,选择与设计教学媒体;

(6)根据教学内容和学习者特征的分析设计教学策略;

(7)对教学作形成性评价(以确定学生达到教学目标的程度),即根据搜集到的课堂教学信息,对教学内容或教学策略修改或调整,并对学生作出适当的反馈。

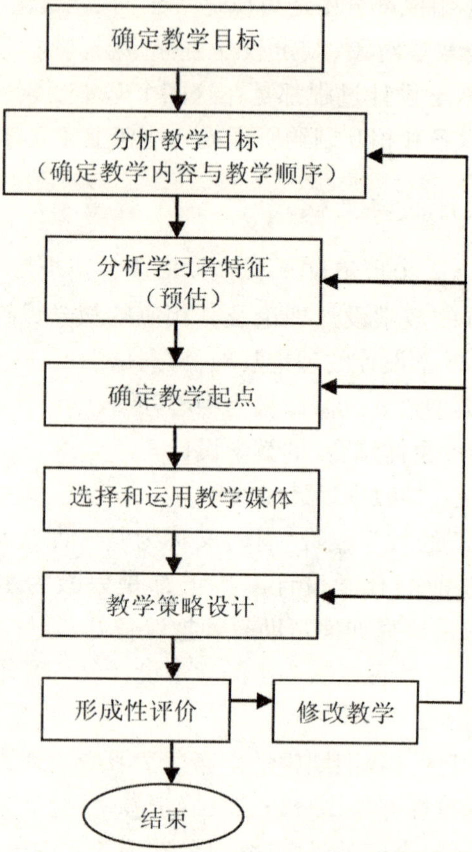

图2-2 “以教为中心”的教学设计模式

经过多年来众多教育技术专家的努力，传统教学设计已发展成具有较完整理论方法体系和很强可操作性的独立学科，并且已有大量的专著及教材问世，但是其基本内容都离不开上述七个方面。传统教学设计有许多优点（例如，有利于教师主导作用的发挥，有利于系统科学知识的传授和教学目标的完成），但也存在一个较大的弊病：以教师为中心，只强调教师的“教”而忽视学生的“学”，全部教学设计理论都是围绕如何教而展开，很少涉及如何促进学生自主地学。按这样的理论设计的课堂教学，学生参与教学活动的机会少，大部分时间处于被动接受状态，学生的主动性、积极性难以发挥，更不利于创造型人才的成长。

2."以学为中心"的教学设计模式

基于建构主义的以学为中心的教学设计模式是何克抗教授在1998年提出的。他在深入分析建构主义学习环境下教学设计研究所出现的忽视教学目标分析、忽视教师主导作用以及过分强调学习环境设计而忽略自主学习设计等偏向后提出,教学设计应该以学习者为中心进行教学设计。这种设计的操作步骤如图2-3所示。

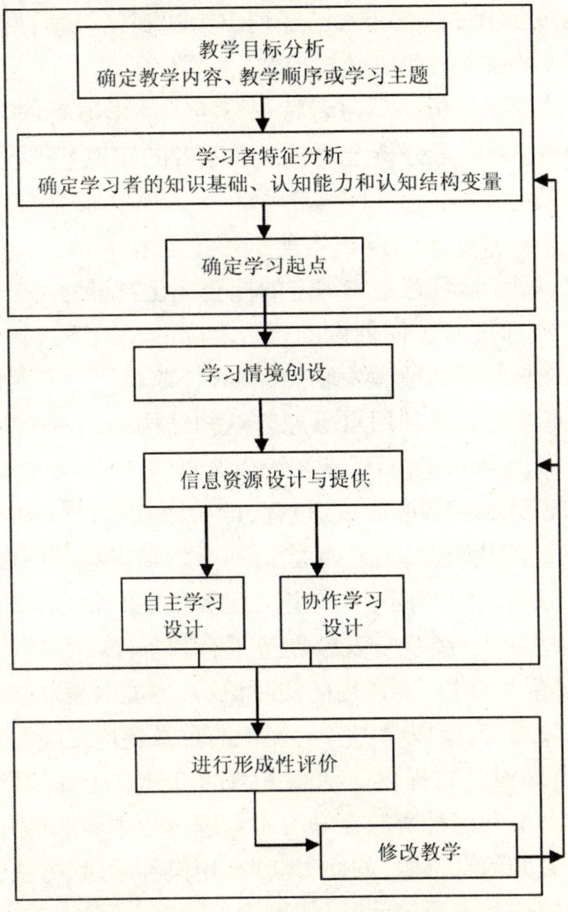

图2-3 "以学为中心"的教学设计模式

(1)教学目标分析。对整门课程及各教学单元进行教学目标分析,以确定当前所学知识的"主题"(即与基本概念、基本原理、基本方法或基本过程有关的知识内容)。在以教为中心的教学设计中,进行教学目标分析的目的是要从课程标准所规定的总教学目标出发,逐步确定各级子目标并画出它们之间的形成关系图,由形成关系图即可确定为达到规定的教学目标所需的教学内容。在以"学"为中心的教学设计中,进行教学目标分析的目的,是为了确定当前所学知识的"主题"。由于主题包含在教学目标所需的教学内容(即知识点)之中,通过教学目标分析得出总目标与子目标的形成关系图,即意味着已经列出为达到该教学目标所需的全部知识点,据此即可确定当前所学知识的"主题"。

(2)学习者特征分析。学习者特征分析关注学习者的智力因素和非智力因素,其中智力因素分析主要包括学习者的知识基础、认知能力和认知结构变量分析。

(3)学习情境创设。创设与当前学习主题相关的、尽可能真实的情境。建构主义认为,学习总是与一定的社会文化背景即"情境"相联系的,在实际情境下或通过多媒体创设的接近实际的情境下进行学习,可以利用生动、直观的形象有效地激发联想,唤醒长期记忆中有关的知识、经验或表象,从而使学习者能利用自己原有认知结构中的有关知识与经验去同化当前学习到的新知识,赋予新知识以某种意义;如果原有知识与经验不能同化新知识,则要引起"顺应"过程,即对原有认知结构进行改造与重组。总之,通过"同化"与"顺应"才能达到对新知识意义的建构。而同化与顺应离不开原有认知结构中的知识、经验与表象,情境创设则为提取长时记忆中的这些知识、经验与表象创造了有利条件。在传统的课堂讲授中,因为不能提供生动性、丰富性的实际情境,不能激发联想,难以提取长时记忆中的有关内容,所以学习者对知识的意义建构发生困难。

(4)信息资源设计与提供。信息资源的设计是指确定学习本主题所需信息资源的种类和每种资源在学习本主题过程中所起的作用。对于应从何处获取有关的信息资源,如何去获取(用何种手段、方法去获取)以及如何有效地利用这些资源等问题,如果学生确实有困难,教师应及时给以帮助。

(5)自主学习设计。自主学习设计是整个以"学"为中心教学设计的核心内容。在以学为中心的建构主义学习环境中,常用的教学方法有支架式教学法、抛锚式教学法和随机进入教学法等。根据所选择的不同教学方法,对学生的自主学习应作不同的设计。

(6)协作学习设计。设计协作学习环境的目的是为了在个人自主学习的基础上,通过小组讨论、协商,以进一步完善和深化对主题的意义建构。整个合作学习过程均由教师组织引导,讨论的问题皆由教师提出。合作学习环境的设计通常有两种不同情况:一是学习的主题事先已知;二是学习主题事先未知。多数的合作学习属于第一种情况,但是第二种情况在教学实践中也会经常遇到。

(7)学习效果评价设计。包括小组对个人的评价和学生本人的自我评价。评价内容主要围绕三个方面:①自主学习能力;②合作学习过程中做出的贡献;③是否达到意义建构的要求。这一步应设计出使学生不感到任何压力、乐意去进行,又能客观、确切地反映出每个学生学习效果的评价方法。

3.“主导—主体结合”的教学设计模式

从方法和步骤上来说,“主导—主体结合”的教学设计模式是以“教”为主和以“学”为主的教学设计方法和步骤的综合。该模式具有以下四个特点:

(1)可根据教学内容和学生的认知结构情况,灵活选择“发现式”或“传递—接受”教学方式。

(2)在“传递—接受”教学过程中基本采用“先行组织者”教学策略,同时也可采用其他的“传递—接受”策略作为补充,以达到更佳的教学效果。

(3)在“发现式”教学过程中也可充分吸收“传递—接受”教学的长处。

(4)便于考虑情感因素的影响。在“情景创设”框或“选择与设计教学媒体”框中,可通过适当创设的情境或呈现的媒体来激发学习者的动机;而在“学习效果评价”环节或根据“形成性评价”结果所做的“教学修改”环节中,则可通过讲评、小结、鼓励和表扬等手段,促进学习者三种内驱力的形成与发展。

第三章　一节好课要有好的过程

好的教学设计要发挥好的作用，最终达到好的教学效果，关键在于有一个好的教学过程。从整个过程来看，教学活动可以分为准备环节、实施环节与反馈（评价）环节等几个阶段。从教学实践操作的角度来看，教学过程可分为备课、上课、练习、复习、课外辅导、作业批改、考核检查等几个阶段。从教学管理的角度来看，教学过程可分为备课、上课、评课、说课等几个阶段。

一、教学过程的内涵与特点

（一）教学过程的内涵

教学过程，即教学活动的展开过程，是教师根据一定的社会要求和学生身心发展的特点，借助一定的教学条件，指导学生主要通过认识教学内容从而认识客观世界，并在此基础之上发展自身的过程。

关于教学过程的内涵，归纳起来大致有以下几种具有代表性的观点：

第一种观点认为："教学过程是教师的教与学生的学相结合的双边活动过程。"这种观点强调了教学过程的"教"与"学"的区别和联系，但显然只停留在描述的层面，没有揭示"教"和"学"之间"结合"的基本特性。

第二种观点认为，教学过程是"学生在教师有目的、有计划地指导下，积极主动地掌握系统的文化科学基础知识和基本技能，发展能力，增强体质，并形成一定思想品德的过程。"这种观点，所指太泛，把教学过程的内涵等同于"教育过程"的内涵，未能把握教学过程的质的规定性。

第三种观点认为："教学过程系指开展教授活动和学习活动的时间流程。"这种观点虽然强调了教学过程是一种时间流程，但还没有深入揭示教学过程中教授活动与学习活动的相互关系。

在现代教学理论中，教学过程作为一个专门概念，意在从时间维度来深入认识、揭示和把握教学的实质，有自己特有的内涵。现代教学观念，首先是突破了仅重视教学“结果”的局限，特别强调教学“过程”，强调教学中教师教什么、怎么教和学生学什么、怎么学的过程；其次是在承认教与学相区别的同时，强调它们之间的统一与互动；最后是突出强调教学过程中教与学的统一机制是“引导”，即教师的引导与学生的被引导的新型关系。

综上所述，教学过程的内涵可以界定为：教学过程是教师根据一定的社会要求和学生身心发展的特点，指导学生有目的、有计划地掌握系统的文化科学基础知识和基本技能，发展学生的智力和体力，形成科学世界观及培养学生思想品德和个性心理品质的过程。

（二）教学过程的特点

1.简捷性

教学过程就是达到教学目标的途径。教学过程是在人类的一般认识过程和训练过程的基础上，运用教学手段所进行的特殊的认识过程和训练过程。马克思说：“再生产科学所必要的劳动时间，同最初生产科学所需要的劳动时间是无法相比的。例如学生是在一小时内就能学会二项式定理。”人类在实践活动中需要几年、几十年、几百年甚至上千年的探索过程，教学能在一堂课、几堂课或一段教学时间内完成。

教学能够实现这种简捷性的原因主要有三个：第一是教学内容的科学性。美国认知科学家赫伯特. A. 西蒙说：“科学总是把复杂的现象转化为基本的过程，基本的规律。”其中特别是避免了实践过程中的曲折和失误，并且对正确的过程也从本质上抽象化、概括化了。第二是教师的指导作用，由认识过程的“先闻道者”来指导要认识的“后闻道者”，由实践过的“有专攻者”来训练要实践的“术业者”，就能选择最本质的内容和最科学的方法，高度浓缩认识过程和训练过程。第三是教学手段的艺术化[①]。教学过程中的认识过程和训练过程，都不是社会实践过程，而是青少年一代

① 周兴国，段兆兵. 课程与教学论[M]. 合肥：中国科学技术大学出版社，2012：238.

对社会发展成果的习得过程，所以从原始的口耳相传到现代化电子计算机操纵的教学过程，都不是把产生科学时的实践过程再重复一遍，而是要把这些过程艺术化地再现出来，使学生能够通过练习而获得。学生借文字和画面理解旧中国的黑暗和落后，绝不需要百年近代史再重复一遍。社会愈发展，人类文明积累愈丰富，新生一代的身心发展与社会发展的矛盾愈突出，对教育和教育科学与艺术的要求也就愈高。教学过程如果不具有这种简捷性，社会就不可能加速发展。

2.整体性

教学过程的最终结果是使学生获得全面发展，它是一个培养人的过程，和其他社会活动过程是不一样的。课程与教学论总是竭力把客体当做整体来认识，尽管这种认识水平有赖于本学科的发展水平。这是教学过程整体性的第一个体现。第二，教学过程内部存在着构成统一体的各个组成部分：目的目标，教学内容，教学方法和手段，教学组织形式，教学评价等，它们总是与整体不可分割地联系着、运动着。第三，教学过程中的活动种类、被形成的个性品质等都具有整体性。

3.双边性

在教学过程中，教师和学生，教和学，是相互联系的两个方面，是缺一不可的。其中，教师的教应起主导作用，学生在教师的指导下学习。但是，教师的主导作用，与学生学习的自觉性、积极性是结合的、统一的。在教学活动中，学生是主体，是积极的活动者。教师只有不断地努力提高自己的综合素养、与时俱进的教学方法，同时考虑到学生的知识基础、年龄特点、个别差异等情况，组织好教学，启发诱导学生自主地学习知识，充分调动学生学习的自觉性和积极性，才能真正发挥教师的主导作用，从而使学生收到良好的效果。

4.复杂性

教学过程与其他活动过程相比，更具丰富性和复杂性。因为培养人的活动就是一个最复杂的系统活动。人的本质内涵有极大的丰富性和立体性。要培养、塑造一个人，就需要由具体的、个别的教学过程构成的一个立体的交叉的教学过程系统，一个个具体的、个别的教学过程赋予了教学过程系统以丰富的个性。第一，从学生的年龄阶段和教育系统内部来看，幼儿园、小学、中学、大学，都存在着自己独特的、不同于其他级别学校的教学过程，普通教育的教学过程也与职业教育的教学过程不尽相同；第二，教学过程要达到学生全面发展的目的，就需要进行智力、体质、品德等的教学，因此，形成了一些相对独立、富有个性的教学过程，如德育过程、美育过程、数学教学过程、语文教学过程等。正因为教学过程的复杂性，所以我们不仅要从系统的层次上、方法论的层次上去认识和研究教学过程，还要从具体、个别化的层次上和操作化、应用性的层次上去认识和研究教学过程。这样，我们对教学过程的理解和认识才能避免空泛和混乱，也才能真正地更接近对教学过程高度抽象和概括的认识。

5.认识性

教学过程是教师与学生特殊的认识过程和交往过程，因此，教学过程既包括教师的认识过程，又包括学生的认识过程。教师的认识过程是从备课开始的，经过上课，把知识传授给学生，并组织学生复习巩固、练习运用，进行检查考评，实现了从感性到理性，又从理性到实践的过程。而学生的认识过程是从预习课文开始，通过上课听讲，在教师指导下，感知、理解教材内容、复习巩固，并通过练习形成技能技巧，也是经历了由感性认识到理性认识再到实践的过程。

教学过程中，学生在教师的指导下，实现了从不知到知、从少知到多知的认识过程，不断提高认识水平和能力；而教师也在教学过程中，为解决教师与学生、教师与教学内容的矛盾，不断地丰富自身知识体系，积累教学经验，从而实现知识和技能的良性循环。

二、教学过程的基本要素

教学是学校实施全面发展教育的途径，是实现学校教育预期目标的重要保证。教学过程是由多个成分相互联系、相互作用而展开的动态运行过程，是由一些相互联系的要素所组成。具体来说，教学过程包括以下组成部分：

（一）教学目标

教育是一种有目的的社会实践活动，目的性是人类实践活动区别于动物本能活动的根本所在。教学作为教育的重要组成部分，在教育开始之前，关于教育的预期结果一定会存在于教育者的头脑之中，而教学过程的预期结果就是教学目标。在教学过程中，教学目标既是教学过程的起点，又是教学过程的终点，教学目标伴随着教学过程的始终。教学实践的经验表明，清晰明确的教学目标，能够在教学过程中起着导向的作用、调控的作用、测评的作用、激励的作用等。

（二）学生

学生是教学过程中的学习者，是进行教学过程的一个前提条件。学生，一般指在初等学校、中等学校、高等学校和研究机构中（专门从事）学习的儿童、少年和青年。按学习的阶段分，有小学生、中学生、大学生及研究生等。有时也用来泛指一切受教育的人。在特定的社会历史条件下，谁成为学生，谁有受教育的机会，主要取决于具体的社会制度和教育制度。历史上，学生人群曾经经历过三次大变化：第一次变化是专门学校产生，有了在学校里专门学习的学生，这些学生主要是上层社会子弟；第二次变化是义务教育普及，少数儿童受教育的局面被打破，所有适龄儿童都成为接受义务教育的学生；第三次变化是人类进入终身教育时代，学生人群扩大到了所有社会成员，成人、老年人都加入到了学生的行列。社会越进步，学生就越多，这是教育发展的大趋势。

教学必须全面了解学生，这是从数千年教学实践中得来的共识。也就是说，人们必须了解学生的天性，评估学生的动机、品性、行为和潜力，这就涉及学生观问题。历史上，产生过各种各样的学生观，比如孟子的性善论、荀子的性恶论、洛克的白板论，等等，不同的学生观对教学理论和实践产生了不同的影响。

作为未来的现代教师，应该如何认识学生，进而形成现代学生观呢？

1.学生是发展的人

学生身心有待发展且正在发展，因此，要用动态眼光来看学生。学生身心发展具有客观规律性。学生具有巨大的发展潜能，应该相信每个学生，努力激发学生的潜能。

2.学生是独特的人

学生不同于成人，有着自己独特的内心世界、精神世界和内在感受，有着不同于成人的观察、思考和解决问题的方式。每个学生也各不一样，其文化背景、兴趣、能力、追求和行为方式都有个人特点，因而，应尊重学生个性，因材施教。

3.学生是学习的主人

学生的学习，最终要靠自己的努力。只有充分尊重和发挥学生的主观能动性，教学才能取得成功。

4.学生是责权主体

学生享有社会规定的法律权利并承担着特定的法律责任，同时也承担一定的伦理责任和享有特定的伦理权利。例如，在学校里，学生具有不容侵犯的人身权利、财产权利和教育权利，也负有尊重他人的义务和接受学校教育的责任。

（三）教师

教师在教学过程中是不可或缺的。教师是向受教育者传递人类积累的文化科学知识和进行思想品德教育，把他们培养成社会需要的人才的专业人员。有教师的指导，是教学过程的重要特征，是教学过程区别于其他活动过程的关键所在。长期以来的教学实践表明，正是由于有专门教师的指导，教学过程才具有了作为学生认识世界的高速路、快车道的特性；教师水平的高低，直接影响着教学的方向、水平和质量。因此，教师是教学过程不可或缺的基本要素。

教师代表国家、社会、阶级或家族的意志，负责指导学生认识、掌握人类文明成果，具体承担设计、组织和管理教学活动的职责。从教育发展的历史进程看，最初的教师主要是巫师或官吏，私学产生后，出现了以教师为职业的一般文化人。随着义务教育的推进，教师逐渐由专门的师范院校来培养，教师队伍规模急剧扩大，专业化程度明显提高。在现代社会，教师除了人格高尚和身心健康之外，还需要精通一定的教学科目，掌握教育理论和技能。

(四)教学内容

教学过程中,教师对学生的教育影响,主要是通过向学生传递人类已有的科学文化知识,来丰富学生的认识,并以此为基础,促进学生的全面发展。在此过程中,教师所传递的科学文化知识,是教师对学生施加教育影响的重要凭借,是必不可少的“中介”。此“中介”便是通常所说的教学内容。教学内容主要是对人类已有知识经验的反映,在学校教育中,教学内容主要体现在课程计划、课程标准和教学材料等课程材料之中。

(五)教学方法和手段

教学过程中,教师要把教学内容传授给学生,并以此促进学生得到发展,还必须运用一系列的教学方法和手段。教学方法和手段是完成教学任务、实现教学目标的基本保障。此处的教学方法和手段,既包括观念形态的教学方法、教学策略、教学艺术,也包括物质形态的技术手段、教学媒体等。

(六)教学组织形式

教学组织形式是教学活动展开的保障。教学组织形式是关于教学活动开展时在人员搭配、时间和空间安排等方面形成的特殊方式、结构和程序。常见的教学组织形式有班级授课制、小组教学和个别教学等。这些组织形式对完成教学任务、实现教学目标有着各自不同的作用,教学中要合理加以配合运用。

(七)教学环境

教学环境是影响教学活动的客观条件,一般包括物质环境和精神环境两个方面。物质环境涉及教学场地、教学设备、图书资料、校园环境等;精神环境包括校风、班风、人际关系、教学氛围等。教学环境对教学过程有着重要的影响作用,教学过程中要注意精心设计教学环境,充分发挥其正面影响作用。

(八)教学评价

教学评价包括教学检查、测量和评价。教学检查和测量是对教学活动的结果本身的事实判断,教学评价则是对教学活动的结果是否满足需要而进行的价值判断。教学测评所获得的有关信息,能够帮助教师及时调控和改进教学活动,能够强化巩固教学效果,能够激励师生,从而争取更好的教学效果。

三、教学过程的本质

教学过程是教学理论的核心问题,而教学过程的本质则是"核心中的核心"。新中国成立以来,教学过程的本质问题一直是大家重视的一个研究领域,关于教学过程的本质,在我国教育理论界迄今大致有七种较有代表性的观点:①认识说;②特殊认识说;③儿童发展说;④双边活动说;⑤多质说或复合说;⑥认识—实践说;⑦认识—发展说。以上各种观点都是从不同的角度阐述了教学过程的本质,我们认为,教学过程的本质应该表现在如下四个方面:

(一)教学过程是一般认识过程与教学特殊认识过程的统一

教学过程是教师的"教"与学生的"学"相统一的活动,是学生在教师的引导下,通过学习,认识客观世界的过程,是学生从不知到知,从少知到多知,从知之不正确、不全面到科学的认识过程;是学生从感性认识到理性把握,再到实践应用的过程。教学过程的这种认识要受认识论的一般规律所制约,要遵循"从生动直观到抽象的思维,并从抽象的思维到实践"的认识过程,因此与人类一般的认识过程存在着共性。在课堂教学活动中,学生只有通过听、看等方式接受教师讲授的声音等信息,才能感知教师所讲的内容,在接受这些信息的基础上,通过归纳、演绎等思维活动,认识教学内容所包含的精神实质。

但是,教学过程又是一种特殊的认识过程,正如凯洛夫所说:"教学不是、也不可能是与科学的认识过程完全一致的过程。"它是学生个体的认识过程,具有不同于人类总体认识的特殊性。

首先,学生的认识对象特殊。人类认识世界的目的是探寻尚未发现的客观真理。而学校教学的主要目的之一就是使学生尽快掌握一定的科学文化知识,以缩小其现有认识水平与人类认识成果的差距,从而今后能适应社会需要。因此,教学过程中,学生主要以掌握人类长期积累的科学文化知识——间接经验为主。这样,学生就有可能不受个体认识条件的时空限制,在最短的时间内掌握前人经过漫长岁月才能获得的知识,并以此为中介来认识客观世界。

其次,学生的认识不同于其他个体的认识,其认识是“纳入了教育过程,区别于教学以外科学家、艺术家和一切从事各种工作的人们的认识”。即学生的认识通常是在学校环境中,在受过专业训练的教师的有计划、有目的的引导下进行的,而不能独立完成,教师的引导保证了教学过程的正确方向和质量。

第三,学生的认识不同于人类历史的总体认识,他可以依靠他人、前人的实践而不只是自己的实践,通过语言保存、接受知识,占有他人或前人的经验,而无需事事去亲身经验,不必经历人类认识的曲折。因此,教学走的是一条认识的捷径,是科学文化知识的再生产。正如马克思所说,“再生产科学所必要的劳动时间,同最初生产科学所需要的劳动时间是无法相比的。例如学生是在一小时之内就能学会二项式定理。”

最后,不仅要掌握知识、技能,同时也要能形成积极的情感、态度和价值观。在教学过程中,教师和学校为学生的身心发展提供促进条件。教学的最终目标是学生的全面发展,直接的认识成果只是教学目标的一个方面。学生积极的情感、态度、价值观和良好个性心理品质等的形成,是教学目标的更重要方面。因此,教学过程具有教育性,是一个培养人、造就人的过程,这与人类一般认识的目的是不同的。

(二)教学过程是一个促进学生身心发展的过程

传授知识是教学的目标之一,但同时它也是一种手段,教学的最终目标是促进学生的身心全面发展。因此,教学过程不仅是一个认识过程,更应该是促进学生身心发展的过程。身心发展包括身体的发展和心理的发展。其中,身体的发展指有机体正常发育和体质增强,心理发展是指认知、情感、个性等心理品质的发展。教育在人的发展中起主导作用,而这个主导作用主要体现在教学活动的过程中。

首先,教学过程是促进学生认识能力发展的过程。在教学中,学生掌握知识和技能的过程不是一个被动的接受过程,而是需要学生主动积极的认知心理活动的参与,要通过大脑的分析、综合、抽象、概括、推理等智力活动,从而将教学内容化为自己的个体认识。在这个过程中,学生的认识能力必然得到发展。

其次,教学过程是促进学生个性情感发展的过程。在教学过程中,学生的情感、意志、个性等心理品质也参与到学生的认识活动中。在学生获取知识和运用知识的同时,激发和影响着学生的情感体验,使其产生克服困难的意志。而且学生掌握知识的同时,势必产生一定的学习动机、态度、情感,形成观点、信念和道德品质等。可见,教学过程中,学生的个性、情感、意志等心理品质得以发展。

最后,教学过程是促进学生身体素质发展的过程。在教学过程中,一方面,学生的大脑和高级神经都在积极活动,因而使其机能得到发展;另一方面,好的教学还将促进学生的肌肉、骨骼以及感觉运动器官的健康发展。

学生是处在迅速成长与发展时期、有主观能动性的青少年,教学的最根本目的是促进青少年的成长与发展。因此,教学过程不仅具有使学生掌握知识技能的认识任务,更重要的是必须促进学生全面发展。现代教学应当以促进学生发展为首要任务,激发学生的主动性、积极性,引导他们运用自己的智慧、能力、意志创造性地学习与实践,从而使学生获得最有效的发展。

教育活动是以变革学生的主观世界、培养全面发展的人为根本目的的,因此,在教学过程中,学生在认识客观世界的同时,也在促进个体品德、智力、体质等多方面素质的发展。

(三)教学过程是教养和教育的统一

教学过程不仅是一个教养过程,而且还是一个教育过程。

教学永远具有教育性,这是教学论中的一个基本假设(也有人称之为基本教学规律）。首先，教学过程中所传授的各门学科知识，总会使学生在获得一定的知识、技能和能力的同时，形成相应的对自然、社会、人生的立场、观点和态度，从而对学生的价值观、思想品德的形成和发展产生影响。其次，在教学过程中，学生旨在掌握特定学科知识的学习活动本身也有巨大的潜在的教育性。就是说，学生在教学过程中采用什么方法学习会极大地左右它们的态度和性格。如果学生只是被动地接受或机械地模仿教师所传授的东西，则往往养成盲从的态度和性格；如果在教学过程中教师注意唤起学生积极的探究精神，引导学生逐步自主地解决问题，就有可能养成学生独立、创造性、友善地实现目标的态度和性格。最后，教学过程中形成的特定的班级社会氛围和人际关系的性质也影响着学生的品德和性格。所谓教学永远具有教育性，是指教学过程不是一个价值中立的过程，学生在此过程中不仅掌握知识、发展能力，而且会形成和改变思想品德和价值观念。当然，学生在教学过程中所形成的思想品德和价值观念未必一定符合教育和社会的要求。如果教师不能自觉意识到“教学的教育性”原理，不能高质量地组织教学，不能有意识地发挥教学的积极的教育作用，学生就很有可能形成错误的价值观念和不良的道德品质，从而使“教学的教育性”表现为“反教育性”。

要真正发挥教学的积极教育作用，需要明确教学过程中的教养与教育的关系。首先，教养和教育彼此间具有相对独立性，二者各具特性，各有其固有的逻辑。形成知识、技能和能力的方法论，同形成人的意志、态度、性格的方法论有相对的独立性，不能按照教养的逻辑去从事教育，或是按照教育的逻辑去从事教养。其次，教养与教育又互为基础、互为前提、相互制约。通过教养内容的学习，学生掌握了知识和技能，形成了能力，这为教学的教育功能的发挥奠定了基础。反过来，教育的成功与否也极大地制约着教养的成效，学生拥有正确的价值观和良好的思想品德，就更有利于教养内容的学习。

既然在教学过程中教养和教育具有相对独立性，就不能把二者简单地等同起来，视为同一个过程，而应当在教学过程中遵循其各自的逻辑和规律，否则，教学的教育作用就会流于自发，并有可能产生“反教育”作用。既然教学过程中教养和教育是内在统一的，因此，在指导学生学习教养内容的同时，要有意识地培养学生的思想品德和行为习惯，既要避免使教学的教育作用流于盲目和自发，又要避免使思想品德教育脱离教育内容，流于空洞与虚妄。

（四）教学过程是教师和学生相互作用的过程

当代教学论强调学生在教学过程中的独立性和主动性，强调学生在教学过程中的主体地位，但并不忽视教师教学的主导作用。师生在教学过程中是相互作用相互影响的，教师的教和学生的学，通过“作用”而统一于教学过程中，教与学的统一是教和学的客观特征，是在教和学的相互作用之联系中实现的。教与学的相互作用的联系是符合客观规律的，是不以我们的意志为转移的。教师的教与学生的学是一个统一的过程，教离开学，学离开教，教学就会从教学论关系系统中消失，退出教学过程。哈尔拉莫夫说：教学是以教师与学生两个相互作用的方面出现的……教学的效果在很大程度上依赖于这两个方面的相互作用，既有赖于教师的工作，也有赖于学生本身的学习活动。他认为，教学最重要的前提是学生对知识的需求和学生积极的认识活动，而影响学生积极性的因素包括教师的个性、师生关系等多方面。

四、教师的教学过程观

教学改革的首要任务就是确立新的教学观，教学观念的转变是教学行为转变的前提。教学观念转变到什么深度，教学行为就能转变到什么程度。

（1）教学既是课程的传递和执行，更是课程的创生与开发。课程观对教学观具有重要影响，课程观的改变必然带来教学观的解放。新的课程观强调，课程要由专制走向民主，由封闭走向开放，由专家研制走向教师开发，由学科内容走向学生经验，课程不仅仅是文本课程，更是体验课程。在不同的教育情景中，每一位教师和每一个学生对课程的内容有自己的理解和诠释，更对内容诠释不断变革和创新，从而转化为适合自己的课程。教师和学生都是构成课程的组成部分，作为课程的创造者和主体，共同参与课程的开发。

因为教学不仅仅是课程的传递和执行，更是课程的创生与开发，教学的过程因而成为课程内容不断生成的过程，课程也因此变成一种动态生长的文化，课程是一个个教学事件。课程层面的这种变革，必然引发教学层面的彻底解放，教学过程变成一种师生个性化创造实施的过程。

(2)教学既是教师教、学生学的过程，更是师生交流、积极互动、共同发展的过程。教学是教师教和学生学的统一，统一的实质是交往互动。没有交往和互动就没有真正的教学发生。交往是教学的本质，在教学中师生积极交往互动，双方相互交流、启发、沟通、补充、完善，不断生成新知，并伴随着师生之间情感的交融和对获取知识的体验，实现教学相长、共同发展。

师生构成学习共同体，互教互学，在双方不断平等对话中，同时教与被教，在交往中实现角色置换、人人参与、平等对话和交流。只有这样，学生的主体地位才能得以显现，个性才能得到张扬，创造积极性才能得以充分发挥。教师不仅要传授知识，而且要与学生一起去感悟和理解、交流与分享。个人的专业在交往对话中成长，生命的活动不断得以提升。在这个过程中，师生多向交往、互动、互惠，良好的师生关系不断形成，维系教学正常进行的情感纽带不断结成。

(3)教学既要注重结论，更要注重过程。结论显现的是学科探究的结果，过程展现的是学科探究的过程与探究的方法。教学结论是教学所要达到的目的或所需获得的结果，教学过程是指达到这个目的或结果所必须经历的活动过程，两者之间具有内在的统一性，偏废任何一方都不可取。

教学的重要目的之一，就是要让学生获得正确的结论，这是不容置疑的。同时，注重学生是怎样获得这个结论的，如果这个结论是通过记忆和背诵取得的，它的价值是有限的。而经过学生一系列的质疑、判断、选择、比较、分析、综合、概括等认识活动，不仅所获得的结论多样丰富，而且学生的创新思维和创新精神也会得到很好的开发和体现。

新课程把过程与方法列为三维目标之一，突出了过程与方法的地位。学生学习的过程不只是一个接受知识的过程，更是一个发现问题、分析问题、解决问题的过程。在这个过程中，一方面学生的已知与未知发生矛盾，学生认知产生困难和障碍，打破学生原来的认知平衡；另一方面也是学生充分发挥自己的聪明才智，不断尝试解决新问题，重建认知平衡的过程。在这个过程中，学生获得丰富的探究体验，有成功的经验，也有挫折和失败，但这个过程对学生来说是非常珍贵的。这种成长的经历和体验，能使一个人的能力、智慧乃至性格、习惯逐步走向成熟。

(4)教学既要关注学科，更要关注学生发展。学科教学不能凌驾于教育之上。传统教学最大的失误就是只教学生读书、写作、计算，而不教学生如何快乐地生活，教学过程不能提升学生的道德和人格发展，把学生当做知识的容器、解题的机器。教学要关注每一位学生，一切为了每一位学生的发展。

关注“人”的发展具体表现在：①关注每一个成长的生命。每一个学生都是一个独特的人、发展的人，尽管他们各方面的表现不尽相同，兴趣爱好、学习方式、个性特长、发展趋势也不尽相同，作为教师要关注的是学生生命的成长，尊重差异才是真正的尊重。②关注每一个学生的情感体验。学生在活动中有不同的情感体验，教师要认真分析学生不同的情绪情感表现，充满爱心地去赏识每一个学生。学生厌学的原因很多，教师对待学生的态度与教学方法不当是一个非常重要的原因。为什么蕴藏着丰富智慧的知识被教师教得那样枯燥、乏味，失去了知识的活力？你用什么样的眼光和态度去看待学生，学生就会发展成你眼中的“定型”。教师最大的快乐是培养出值得自己崇拜的学生。③关注学生的道德生活和人格养成。课堂不仅仅是学生学习知识的地方，更是学生心灵、人格成长的地方。教师不仅要充分挖掘和显现教学内容中的教育成分，更要关注学生在学习活动中的道德行为表现。伴随着知识的获得，学生应该越来越有社会责任感，越来越有爱心和同情心。教师要用爱心滋润学生的心灵，让知识教学与心灵人格同步成长。

五、教学活动的基本环节

教学过程一般包括备课、上课、说课、听课和评课五个环节。

(一)备课

备课是教师对自己的教学活动进行预先计划和准备的过程。具体来说，是指教师在课前钻研教材，了解和研究学生，设计教学策略与方法，创造必要的教学环境及条件，以便使新的教学活动与学生原有的知识水平和心理发展水平相适应的教学准备过程。备课是课堂教学行为的起点和基础，也是提高课堂教学质量的前提。

具体的备课是在上课之前做具体的教学准备，一般包括编写"三个计划"——学期（学年）教学进度计划、课题（单元）计划、课时计划（教案），"三备"——备教材、备学生、备教法和"一设计"——设计教案。

1.编写好"三个计划"

（1）学期（或学年）教学进度计划。学期（或学年）教学进度计划是在对课程标准的学习、对整本教材通读的基础上，制定的教学进度计划。它通常是由教育主管部门组织学校教学骨干共同编写的。其目的是使教师明确整个学期（或学年）教学工作的范围和方向。教学进度计划一般分为两部分，即"说明"和计划本身。"说明"部分包含学生情况简析，本学期（或学年）总的教学任务和要求，教学指导思想等；计划本身包括课序、课题、教学目的、教学周次及时数，以及作业安排、考评安排等。

（2）课题（单元）计划。课题计划是指对课程标准中一个较大课题或教材的一个单元进行全盘考虑后订出的计划。它一般是由教研室或年级组教师集体制定的。课题计划内容包括：课题名称、教学目的、本课题时数划分、各课时内容的重点和难点、各课时上课的类型和教学方法等。

（3）课时计划（教案）。课时计划是根据单元明确的教学目的、任务、要求、重难点及教学方法，进一步从每一节课的实际出发，由上课教师本人研究和制定的每一节课的具体方案（具体参见下文"精心设计教案"）。

2.做好"三备"

（1）备教材。教材是教学过程中师生沟通和交往的中介，因此，教师备课很重要的一个环节就是学习课程标准，精心钻研教材。课程标准是教学的基本依据，教师通过学习课程标准，明确教学目标、教学内容、教学原则以及各年级学习的教学要求和任务等，整体把握教学内容之间的联系和衔接。教师在吃透课程标准的基础上，深入钻研教材，着重把握施教年级的教学内容在整体安排中的地位和作用，明确和突出重点，适当分散难点。

(2)备学生。教学活动是教和学的双边活动,学生不仅是教学的对象,而且是教学活动的主体。教学的最终结果要落实到学生掌握知识和发展能力上,因此,了解学生是开展教学活动一个极为重要的前提性环节。备课要从学生实际出发,力求全面了解学生思想状况和兴趣态度,了解学生已有的知识经验和技能水平,了解学生学习方法和习惯,注意学生的年龄特点和个体差异,以利于因材施教,提高教学实效性。

(3)备教法。在备教材、备学生的基础上,教师要准备具体上课的方法,即备教法。备课要根据教材的难易、学生的年龄特点、知识水平以及现有条件确定适当的教学方法。

3.精心设计教案

备教材、备学生、备教法是备课的前期准备阶段。设计教案是把备教材、备学生和备教法的思考结果系统化、具体化,并进行优化组合,形成具有可行性的方案。教案是教师统筹规划教学活动的设计方案,可以有多种表现形式。其内容一般包括教学目标、教学重点、教学难点、教具及学具准备、教学过程、板书设计、教学反思等。

(1)教学目标。目标的设置与陈述应当从学生的角度出发,确立知识与技能、过程与方法、情感态度与价值观三位一体的目标体系,要选择合理的目标定位,制定明确、具体、可操作性强的当前行为目标。

(2)教学重点、难点。从目标出发,认真钻研教材,分清每项具体内容的主次,确定要点并放在突出地位。根据学生的实际,找准疑点、难点和关键点,优化教学过程。

(3)教学准备。为创设情境,保证教学效果,教师要根据现有条件,恰当选用教具,合理运用现代教学手段,必要的演示、操作、实验,教师要提前试做,并依据教学活动需要布置或检查学生准备相应的学具,以切实保证课堂教学的实际效果。要注重信息技术与学科教学的整合。

(4)教学过程。教学过程是教案的核心部分。教师在设计教学过程时,可从导入环节、问题设计、学生获取知识的过程及练习设计等几个方面着眼。力求做到在导入环节上通过教师巧妙的“导”,创设情境,让学生全身心的“入”;问题的设计要具体、明确、适宜;教学设计要把落脚点放在引导学生参与学习过程上,对学生在获取知识、方法的过程中可能出现的问题、困难要有充分的估计和对策；练习设计要根据具体教学内容精心准备，练习的内容要精，要有针对性和适当的梯度。

(5)板书设计。板书是整个教学活动的纲目。课时板书设计包括分板书和整体板书，要突出学科特点，充分体现教学重点、知识结点和活动主线。板书设计要做到巧妙、精炼、准确、条理清楚，布局要合理、美观，力求多样化。

(6)教学后记。教学后记要重点写自己教学过程的得与失，教后的体会与认识，以及对教学效果的自我评价和原因分析。

(二)上课

上课是教师灵活地执行计划，实际展开教学活动的过程。充分的备课，最终要落实到上课上。上课是整个教学工作的核心环节。

1.上课的基本要求

上好一堂课，除在总体上要以现代教学理论为指导、遵循教学规律、全面贯彻教学原则外，还必须符合以下最基本的标准要求：

(1)教学目的明确。教学目的是教学活动的出发点和归宿。教学目的是否正确，能否得以实现，是评价一节课成败的重要依据。因此，师生双方对上课所要达到的目的都应当明确。为此，教师要基于教材和学生实际，提出正确、全面、具体的教学目标，导引课堂教学的进程。

(2)教学内容正确。教学内容是完成教学任务、提高教学质量的重要保证。教学内容正确，首先是指要保证教学内容的科学性和思想性。教师要在深刻理解教材，充分掌握教材精神实质的基础上向学生传授正确无误的知识。同时，要能有意识地发掘教材的思想内涵，使学生在学习知识的过程中自觉地接受教育。其次是指要正确处理教材，把握教材的重点和难点，做到课堂教学中突出重点，突破难点，深入浅出地阐明知识的内在联系。

(3)教学方法恰当。由于每一节课的教学任务不尽一致，因此，教师要以启发式教学作为指导思想，并根据教学目的、教材内容、学生特点选择多种方法，加以合理组织，灵活运用。

(4)教学进程要组织严密，结构紧凑。课堂教学的进行要富有高度的组织性和计划性。上课伊始，教师要组织好教学，把学生的注意力引导到教学活动中来，维护好纪律；然后，教师要把教和学的活动安排得严密有序，使每个教学步骤前后衔接，充分提高时间的利用率。在课堂上，教师对偶发事件要能加以机智地正确处理，使教学活动得以正常进行。

(5)师生双方积极性高。上课是教师教和学生学的双边活动，师生双方积极性高、主体性发挥充分是有效教学的关键。为此，上课时，教师一方面要围绕教学目的，充分运用已准备好的方法，积极调节和控制整个教学进程；另一方面要根据学生的个别差异，运用生动有趣的内容和巧妙的手段，激发学生的学习兴趣，调动全体学生的积极性，使每个学生都积极投入到教学活动中，以形成充满民主、生动活泼的课堂气氛。

(6)教学基本功扎实。语言和板书是教师从事教学工作的最常备的两大基本功。教师的语言会影响学生对知识的理解及理解的程度。教师应使用普通话上课，讲究语言艺术，做到说话清楚、准确、生动，富有启发性、感染力和表现力，节奏感强，语速语调适当。板书既能起直观作用，也能使知识系统化。为此，教师既要力求板书工整、清晰、中心明确、分量恰当、重点突出，同时又要重视板书美感。

(7)教学效果好。一堂课的成功与否，归根结底要看教学效果，看教学目的是否达到。通过上课，应力求学生知识有所增加，能力有所提高，思想品德有所长进。

2.上好课的教学机智

除了教学的基本要求，教师还应该合理地运用教学机智。教学机智在课堂教学中是必不可少的，主要指上课的灵活性、创造性，以及随机应变地处理各种突发情况的巧妙性。它包括诸如处理教学疑难和失误的机智，集中学生注意力的机智，把握课堂反馈信息的机智，处理突发事件的机智和调控情绪与教态的机智等。

(1)处理教学疑难和失误的机智。处理教学疑难和失误常用的方法有：①趁热加工法。如果课堂上发现自己讲课有错漏时，立即加以改正和补充，而不是蒙混遮掩。②冷却处理法。如果课堂上出现教学疑难，可予以暂时冻结，留待下课后再安排时间处理，而不是不懂装懂。③回避转移法。如果课堂上学生提出意想不到的问题时，而这些问题教师又不便回答，可采用回避的办法，把话题转移到别的问题上，以便摆脱困境。④随机调整法。如果课堂上由于某种原因打乱了原定的教学程序，教师可因势利导，灵活机动地对原计划进行适当调整。⑤坦诚交底法。如果课堂上学生提出一个教师一时回答不了的问题，教师可坦诚相告，或允诺以后解答，或当场向学生请教。

(2)集中学生注意力的机智。怎样有效地集中学生的注意力，在一定程度上反映了教师上课的技能。在上课过程中，有的学生提不起精神、注意力分散，或打瞌睡，或开小差，或做小动作，或看别的书。对于这些注意力不集中的现象，教师可突然终止讲话肃然默立，以提醒学生；可用亲切的手势，示意学生集中注意力；可"幽"上一"默"，振奋学生的精神；可插入提问，引起学生紧张；可以目光调节，暗示学生集中注意力。

(3)把握课堂反馈信息的机智。把握课堂反馈信息的意义，在于及时了解学生对教学的反应，以便对教学作出适时的调整。学生的情况特别是心理状态是复杂的，既有表露的可测的一面，也有不表露的难测的一面，因而预先确定的教学安排或多或少地会存在着不适合学生情况的一面。所以，教师必须具备随时机智地调整教学的应变能力，以适应上课过程中出现的新情况、新问题。

上课时，要随时通过反馈信息了解教学的效果。学生在课堂上对教师教学的反应是很微妙的，有时透过学生的一声笑语、一声叹息、一个表情、一个眼神、一个动作，便可推测出学生对教师教学的反应。敏感度高的教师，学生的反馈信息一旦出现，就会立即捕捉到并作出相应的反应。要准确地把握学生各种反馈信息，特别是准确地观察学生的各种神态变化，揣测学生心理状态，需要经过长期的积累和磨炼。

(4)处理偶发事件的机智。课堂偶发事件是指课堂上偶然发生或突然发生的意外事件。例如，学生突然发问，学生对教师的提问拒答，学生突然病了，学生有意对教师发难，学生之间出现纠纷，来自外界的干扰使课堂安静不下来等，五花八门，不可预测。处理课堂偶发事件既体现教师的课堂教学机智，也体现教师驾驭课堂的技能。上课过程中，一旦发生意外事件，需要冷静对待，当机立断，采取恰当措施，机智地处理。常见的方法有：①以静制动。如上课时出现学生哄闹、骚动，教师不可恼羞成怒，可以突然停止讲课，以静制动。②暗示改正。如教师收作业时，发现第三组学生秩序混乱，不一定去直接批评第三组，而是说“第一、二组交作业时纪律较好”，从而暗示第三组的学生改正。③因势利导。如某一意外事件的出现已经激发了学生的好奇心，教师要想让学生重新注意原定的教学内容已十分困难，这时，可以转而发掘事件中的积极因素，抓住偶发的教育机遇，因势利导地开展“计划外”的教学活动。

总之，衡量一堂课的标准不仅要看教师教得怎么样，更主要的是要看学生学得怎么样，归根结底是要看单位时间内学生的学习质量和学习效率。因此，教师上完课后应及时对教学质量进行分析，检查教学效果，开展教学反思，以便不断改进教学。

3.上课的基本环节

梳理和归纳国内外有关上课的众多研究，一般可以将上课分为启动、导入、展开、调整和结束五个环节。

(1)启动环节。启动环节主要是引起学生学习的动机和兴趣，激发学生的好奇心和探索欲。教师可利用问题、演示、实验、言语描述等手段来创设情境，吸引学生的注意力。此外，课的启动还包括教师将学习的目标、方式、程序等以板书、幻灯片或书面材料等方式呈现给学生，让学生对即将开始的新课有所了解。

(2)导入环节。“导入”的功能在于使新旧学习任务之间能顺利衔接。导入环节之所以重要，是因为任何新知新能的学习都离不开学生已有的相关经验，学生学习新知识需要利用旧知识的支撑。教师可以通过提问、检查家庭作业等手段，帮助学生回忆与学习新任务直接相关的旧知旧能。

(3)展开环节。这是上课的主体部分，要求学生对新任务有实质性的理解。在这个阶段，教师要把精心设计的教学内容，根据学科知识的逻辑顺序和学生接受的心理顺序合理呈现出来，引导学生主动接受新知识，通过指导性练习和独立练习，让学生真正掌握新知识。

(4)调整环节。课堂教学是一种目标导向的实践活动。课的调整既包括了补救教学，也可能含有补充教学。补救教学是针对学生普遍存在或出现的典型错误反应或动作，从新的角度加以澄清和纠正。

（5）结束环节。课的结束要做的工作主要是通过“小结”和“照应”，起到提炼主题、概括要旨、深化认识、过渡衔接等作用。课堂小结既可以由教师来做，也可以由学生来做，不仅能让学生加深对刚上完的课、对刚学到的东西的印象，而且通过小结，发现问题，还可以把这次课和下次课联系起来。

4. 作业的布置

课外作业是课堂教学的延伸，是教学的有机组成部分。通过作业和练习，学生可以巩固课堂所学的知识，形成技能、技巧，在应用知识、解决问题的过程中，又可以发展能力，养成独立思考、自觉学习的习惯。

课外作业分为三类：第一类是口头作业，如阅读（朗读、默读）、复述、背诵等；第二类是书面作业，如作文、演算练习、绘制图表等；第三类是实践作业，如采集标本、实验、科技制作、社会调查等。

课外作业布置和指导的基本要求。作业内容要切合课堂教学内容，题目要有典型性，有利于学生理解、掌握课程标准和课本的基本原理；作业分量、难易要适度，以中等学习能力的学生为准，对学习能力强的学生适当布置有一定难度的参考作业；作业要有明确的要求和时间限制，对作业中的疑难问题要及时进行指导。

（三）说课

所谓说课，是指教师以语言为主要表述工具，在备课的基础上，面对同行、专家，系统而概括地解说自己对具体课程的理解，阐述教学观点，表述具体执教某课题的教学设想、方法、策略以及教学组织的理论依据等，供大家评说。

1.说课的内容

（1）说教材。主要是从教材的编排体系和知识结构上，说出对教材的理解、处理、使用的方法和策略，目的是把握教材，合理组织安排教学内容。具体包括：本节课的教学内容及它在整个教材中的地位、作用和教材的前后联系；本节课的重点、难点、关键点及确定的依据；本节课要实现的目标及确定的依据。

（2）说学生。即分析教学对象。对学生作出准确无误的分析，是教学得以正确开展的基础。具体包括:学生已有的知识基础和生活经验;起点能力分析;分析学生掌握教学内容必须具备的学习技巧,及是否具备学习新知识必须掌握的技能和态度;一般特点与学习风格差异;学生的年龄特征、身体和智力上的个别差异所形成的学习方式。

(3)说教法。主要是说采用什么教学方法向学生传授知识、技能,目的是教会学生学会运用知识。具体包括:为完成本节课的教学目的、内容所采用的教学方法及其理论依据;采用什么方法讲清重点、突破难点、抓住关键;采用什么方法、怎样创造条件使学生主动积极参与学习过程。

(4)说学法。主要是说怎样进行学法指导,目的是引导学生主动自觉地学习。具体包括:通过什么途径培养和激发学生的学习兴趣;采用什么方式训练、培养学生的学习习惯和学习方法;采用什么方法指导学生学习等。

(5)说教学程序。主要是说怎样组织整个教学过程及其理论根据,目的是优化教学结构和教学过程。具体包括:怎样安排本节课的教学过程及每个教学环节的要求;本节课师生教与学双边协调活动的具体安排和依据;本节课板书的设计及意图,课内外作业练习的布置和训练意图等。

2.说课的要求

(1)明晰说课内涵,突出"说"字。说课可以按照"铺垫—新授课—举例—巩固—设疑—小结—练习"等环节进行,时间一般控制在15~20分钟。说课者要根据课型抓住这节课的基本环节去说,言之所及都要有理有据,使听者听得明白。需要特别注意说课与其他教学行为的区别,即说课不等于备课,教师不能照教案去说;说课不等于讲课,教师不能视听课对象为学生;说课不等于背死课,教师不能将事先准备好的"说案"一字不漏地死背下去;说课不等于读课,教师不能拿着事先写好的材料去读,而是必须围绕一个"说"字,突出说课的特点,完成"说"的过程。

(2)遵循教学思路,选准说法。教学思路是教师课堂教学思想的具体体现,是教师实施教学过程的基本构想。教师讲课时,要围绕教学思路进行;教师在说课时,也要扣住课堂教学思路展开。能否围绕教学思路实施"教"法和展开"说"法,是教师授课和说课成败的关键。因此,需要因人制宜,因材施"说",各种说法都要遵循课堂教学思路这一主线。

(3)明确对象，找准说点。说课的对象不是学生，而是专家、同行。他们都会竭力站在学生的角度去对待说课者所说的课，去审视说课者说课时教法的采用，教学重难点的突出、突破，教学环节的把握以及教学语言、语气、表情等。因此，说课者必须兼顾专家思维和学生思维，站在备课讲课的临界点，找准"说"点进行说课。

(4)把握分寸，把课说活。说课的重点放在说清教学思路、教学过程及方法，在有限的时间内完成说课，必须详略得当。把握"说"度，重要的是因地制宜，具体问题具体分析，灵活选取"说"法，把课"说"活。说出该课的特点，使专家、同行们感觉有条有理，有法有效，生动有趣。这就要求教师认真钻研所说材料，灵活选用说法，找准说点，最终把课说活。

（四）听课

听课，是教师同行或专家领导对课堂教学活动的观摩、观察和调研，是教师展现自己教学观念、教学个性、教学思路和教学经验、教学智慧的平台。听课是教学的常规工作之一，是教师的一项必不可少、经常性的工作职责与任务，也是教师专业化发展的重要途径。

听课是一项能让授课者和听课者双方受益的活动。通过听课活动，上课的教师能有机会经常调整教学方式，提高课堂教学的质量，升华课堂管理的艺术；对于听课者来说，在发现他人优点的同时，也可以增长自己的业务知识，并汲取众人所长，为我所用，不断提升自己的业务能力。

1.听课的准备

听课是教师的职责，听课前教师必须要做相应的准备工作。听课者首先要正确定位，树立将自己定位为教学活动的参与者、组织者，而不是旁观者的理念。其次，在掌握教学常规知识的基础上学习课程标准，尽量了解本学科教科研状态，熟悉新的教学理念和理论；了解上课教师的教学特点，听课班级学生的情况；了解教材编排体系，弄清知识的内在联系，熟知教学内容的重点、难点；应在头脑中设计出所教内容的课堂教学初步方案，粗线条勾勒出大体的教学框架，以便对比优劣，促使自己深思、善辨、慎取。只有事前做好充分准备，才能真正达成听有所获、评有见地的效果。

2.听课的基本内容与方法

(1)听。一听教师怎样讲,是不是讲到点子上,重点是否突出,结构是否合理;二听教师讲得是否清楚明白,学生能否听懂;三听教师启发是否得当;四听学生的答题,尤其是答题中显露出来的才能和暴露出来的问题。具体讲,就是听授课教师是怎样复习旧知识的,是怎样引入新知识的,是怎样讲授新课的,是怎样巩固新课知识的,是怎样结尾的,是怎样布置作业的,还要听学生是怎样回答问题的,是怎样提出问题的,是怎样讨论问题的。

(2)看。一看教师上课的精力、气势和神采、教态、教具和教学手段、时间分配、教学板书;二看学生的表情和情绪,课堂准备、板演及完成课堂作业情况;三看师生双边活动和感情交流。只有教与学成为有机的整体,才能最终达到学好的目的。

(3)想。听课不仅仅停留于"听"上,还有在听的过程中有所思、有所想,变被动听课为主动听课。在听课过程中,将实际教学与课前预设的方案及以往的经验进行对照,以便寻找课堂教学中突出的亮点和存在的问题,并依据教育教学理论和课程标准给予评价,即指出优点在于体现了课标哪一方面的理念,依据了什么教学原理等;同时对存在的问题指出怎么改可能效果更好,依据是什么等。将这些点评纳入听课记录,为评课做准备。

(4)记。一记听课的执教者、学科、班级、日期、节次、课题、题型;二记教学的主要过程,包括教学环节、师生双边活动、时间安排、板书要点等;三记本节课在教学思想、德育渗透、教学内容处理、教学方法改革等方面值得思考的要点;四记学生在课堂上的活动情况及各种表现;五记对这堂课的简要分析。

(5)谈。就是和听课教师与学生交谈。一可先请上课教师谈这节课的教学设计和感受,或请学生谈对这堂课的感受;二在充分思考的基础上及时、慎重地和上课教师交谈或交换意见;三谈自己对这节课的看法与特色,谈从中受到的启迪与所学到的经验,谈这节课的不足与自己的思考、建议。

(五)评课

评课是教师本人或其他评课人员对学生的目标达成程度及教学活动质量做出价值判断和改进决策的过程。评课是教学、教研工作过程中一项经常开展的活动,有同事之间互相学习、共同研讨评课,有学校领导诊断、检查的评课,有上级专家鉴定或评判的评课等。评课的目的不是为了证明,而是为了改进。

评课有利于激励教师加快知识更新,优化教学艺术;有利于调动教师的教学积极性和主动性,帮助和指导教师不断总结教学经验,提高教育教学水平,转变教育观念,促使教师在教学过程中逐步形成自己独特的教学风格。

1.评教学目标

教学目标是教学的出发点和归宿,能否正确制定和达成是衡量一堂课好坏的主要尺度。对教学目标的评价可从两个方面进行:首先,从教学目标制定来看,要看是否全面、具体、适宜;其次,从目标达成来看,要看教学目标是不是明确地体现在每一教学环节中,教学手段是否都紧密地围绕目标,为实现目标服务。要看课堂上是否尽快地展开重点内容,重点内容的教学时间是否得到保证,重点知识和技能是否得到巩固和强化。

2.评教材处理

评课不仅要看教学目标的制定和落实,还要看授课者对教材的组织和处理,即要注意分析教师在教材处理和教法选择上,是否突出了重点和难点,抓住了关键点;教学重点是否把握准确;教学过程是否做到突出重点;教学难点是否把握准确并得到突破;教材的组织、处理是否精心等。

3.评教学程序

教学目标要在教学程序中完成,教学目标能不能实现,要看教师教学程序的设计和运作。教学程序评析包括以下两个主要方面:

(1)看教学思路设计。教学思路是教师上课的脉络和主线。教师课堂上的教学思路设计是多种多样的,因此评价教学思路设计时,一看符合不符合教学内容实际,符合不符合学生实际;二看是不是有一定的独创性,能不能给学生以新鲜的感受;三看教学思路的层次、脉络是不是清晰;

四看教师在课堂上教学思路实际运作的效果。

(2)看课堂结构安排。课堂结构是指一节课的教学过程各部分的确立,以及它们之间的联系、顺序和时间分配。它侧重教法设计,反映教学横向的层次和环节。课堂结构不同,也会产生不同的课堂效果。通常,一节好课的结构是:结构严谨,环环相扣,过渡自然,时间分配合理,知识密度适中,效率高。

4.评教学方法和手段

评析教师教学方法、教学手段的选择和运用,是评课的又一重要内容。评析教学方法与手段,包括以下几个主要内容:

(1)看是不是量体裁衣,灵活运用。教学是一种复杂多变的系统工程,不可能有一种固定不变的万能方法。一种好的教学方法总是相对而言的,它总是因课程、因学生、因教师自身特点而相应变化的,即教学方法的选择要量体裁衣,灵活运用。

(2)看教学方法的多样化。教学活动的复杂性决定了教学方法的多样性,所以评课时,既要看教师是否能够面向实际,恰当地选择教学方法,还要看教师能否在教学方法上实现多样化,从而提升教学的艺术性。

(3)看教学方法的改革与创新。评析教师的教学方法既要评常规,还要看改革与创新。要看课堂上的思维训练的设计,要看创新能力的培养,要看主体活动的发挥,要看新的课堂教学模式的构建,要看教学艺术风格的形成等。

(4)看现代教学手段的运用。现代教学呼唤现代教育手段,不仅要看教师教学方法与手段的运用,还要看教师是否适时、适当地用了多媒体教学手段。

5.评教学基本功

评课还要看教师的教学基本功。通常,教师的教学基本功包括以下四个方面的内容:

(1)看板书。好的板书应具有以下特点:首先,设计科学合理,依纲扣本;其次,言简意赅,有艺术性;再次,条理性强,字迹工整美观,板画娴熟。

(2)看教态。教师课堂上的教态应该是明朗、快活、庄重,富有感染力。还应注意仪表端庄,举止从容,态度热情,热爱学生,师生情感融洽。

(3)看语言。教学也是一种语言的艺术。看教师的课堂语言,首先,要准确清楚,说普通话,精当简练,生动形象,有启发性;其次,教学语言的语调要高低适宜,快慢适度,抑扬顿挫,富于变化。

(4)看操作。看教师运用教具、操作投影仪和录音机等熟练程度。

6.评教学效果

"分析一节课,既要分析教学过程和教学方法方面,又要分析教学结果方面。"看课堂教学效果是评价课堂教学的重要依据。课堂效果评析包括以下几个方面:一是教学效率高,学生思维活跃,气氛热烈;二是学生受益面大,不同程度的学生在原有基础上都有进步,知识、能力、思想情操目标达成;三是有效利用课堂教学时间,学生学得轻松愉快,积极性高,当堂问题当堂解决,学生负担合理等。

教学效果的检查可以通过课堂气氛来了解。一节课教学效果的好坏主要还是要看学生最终所学到的知识、技能的多少与牢固程度。学生是否掌握了应该掌握的知识与技能,可以通过考试等方式检查。但是在课堂上,也可以通过观察学生参与课程活动的积极性、主动性、交流的深度等方面来观察。高效的课堂学生积极性高,面部表情轻松自然,时而微笑,时而倾听,时而思考,时而疑惑。因此,可以通过观察课堂气氛了解教学效果。

第四章　一节好课要有好的方法

教学活动是一项师生互动的社会实践活动，必须借助一定的方法才能进行。从某种意义上讲，方法是一种外在于教师与学生的客观的操作结构，同样一种方法可以为不同的教师所掌握和运用。从另一种意义上讲，方法又具有主观色彩，同样的一种教学方法，不同的教师在使用的过程中会产生不同的教学效果。教师应该在学会使用多种教学方法的基础上，形成具有个人特点的教学方法，给教学方法赋予个性化色彩。

一、教学方法的含义

教学是一种复杂的社会实践活动。美国学者多勒(W.Doyle)曾从六个方面对教学的复杂性进行了分析。他认为，人们之所以认为教学是一种复杂的活动，主要是因为教师在课堂中的任务不仅仅是向学生传授知识，还要面对多维的工作任务、同时发生的课堂问题、刻不容缓的问题反馈、事件发生的不可预测性、活动的公开性和社会历史文化传统对教学的制约[①]。教学本身的复杂性，形成了教学方法的复杂系统和多类型特征。

随着现代教学研究的深入和教学理论的发展，人们对教学方法的研究趋于深刻。对于教学方法，人们有多种定义，有方式说、途径说、手段说、手段途径说、相互作用说、教法学法统一说、动作系统说、操作策略说等不同观点。有学者从三个方面分析了教学方法的含义："一种指教学方法论，也包含教学原则；另一种指教学模式；第三种含义指教学技能。"[②]

教学方法既包括教师教的方法，也包括学生学的方法，教学方法又要依据一定的教学行为才能发挥作用，"教的行为和学的行为之间是动态

① 陈晓端. 当代教学范式研究[J]. 陕西师范大学学报：哲学社会科学版，2004(5)：113-118.

② 李定仁，徐继存. 教学论研究二十年[M]. 北京：人民教育出版社，2001：203.

的、互动的关系。学生的学习行为表现影响着教师对学生学习动机和知识水平的假设，从而影响教师教学行为的选择。"[①]教学行为是教师在课堂生活中展现出来的教师的职业行为，是教学的核心和实体部分，是构成教学活动的内容，也是教学系统中最具能动性的部分[②]。教学方法定义、含义的多样性，正好印证了教学方法的多样性。概括地讲，教学方法是在教学过程中，教师为实现教学目的、完成教学任务而采取的教与学相互作用的活动方式的总称。

二、教学方法与相关概念的关系

1.教学方法与教学策略

"策略"原意是指大规模军事行动的计划和指挥。从一般的意义上说，策略是为达到某种目的使用的手段或方法。教学策略是指教学活动的顺序和师生间连续的有实在内容的交流，是为了达到教学目的，完成教学任务，在对教学活动进行清晰认识的基础上，对教学活动进行调节和控制的一系列执行过程。

在英美心理学中，教学策略基本等同于教学模式。早期对教学策略的研究多关注教师的语言行为，把教学策略描述为教学内容的总部署。到现在，人们认为教学策略是有关教学的计策与谋略。人们对教学策略的基本看法是：①教学策略包括教学活动的元认知过程，教学活动的调控过程和教学方法的执行过程；②与教学设计和方法不同，教学策略是教师在现实的教学过程中对教学活动的整体性把握和推进的措施；③教学策略的制定、选择与运用中要考虑到教学要素的所有方面；④教学策略是一系列有计划的动态过程，具有不同的层次和水平。在当代教学理论中，一般以教学行为来表示与策略、方法、模式等相关的教学概念。可以说，策略概括一些，是对教学的整体把握，而方法则具体一些，是教与学的活动方式。

2.教学方法与教学行为

行为是人在主客观因素的影响下所表现的和生理、心理活动紧密相

---

① [美]THOMAS L. GOOD，JERE E. BROPHY. 透视课堂[M]. 陶志琼，王凤，邓晓芳，等译. 北京：中国轻工业出版社，2002：46.

② 裴娣娜. 教学论[M]. 北京：教育科学出版社，2007：194.

连的外显运动、动作或活动，包括有意识活动与无意识活动。教学行为是教师在充分考虑教学系统中各种条件的基础上有意识选择的社会行为。方法是行为规则体系，因而教学方法就是教学行为的规则体系。教学方法来自于教学实践，来自于教师在课堂教学活动中的具体行为表现。所有的教学方法都是对大量的具有某种共同特征的行为的抽象和概况，从根本上看，教学方法是抽象的和静态的行为。行为的存在依托于具体的人，离开了人，行为就不成其为行为。而方法则不然，当方法从行为中抽象出来，就成为客观精神产品中的一种，其存在不再依托于人。

行为是具体而且细微的，方法则是行为的框架。与行为的活生生形态相比，方法所能提供的是教师教学行为的框架，框架中的细节需要教师用各种行为来补充。为什么同样的教学方法在实践中会呈现出不同的形态，取得不同的效果呢？究其原因，就在于教学方法只是提供了行为的框架和特征，教学行为的细节需要在实践中依靠实践者的个人智慧来补充，而个人的实践智慧是个体人格、学识、理论等与实践情境的有机融合后所形成的一种应付和处理实践的能力，是一种对实践的综合把握能力。因此，教学方法只有在实践中以行为的方式展现出来才具有真正的实践意义，离开了有效的行为付出，作为静态存在物的方法知识是无法转化为教学实践效果的。

3.教学方法与教学艺术

尽管从纯艺术的角度来看，艺术可以被划分为动态艺术与静态艺术两大类，但在教学领域，教学艺术则永远与教学实践紧密相连，教学艺术主要是教学行为与方法的艺术。世界上没有完全相同的两个人，教学中也不存在两个教得一模一样的教师。教学实践的形态之所以如此丰富，就是因为人们的实践智慧的差异。即便依照相同的方法，教学活动仍然可以表现出很大的差异，甚至取得完全不同的结果。这正是教师教学艺术的体现。“教学有法而无定法”论断倡导的行动研究之所以有意义也就在于此。简言之，教学艺术主要是教师在课堂环境中所表现出来的行为艺术和方法艺术，是一般教学行为的升华。

4.教学方法与教学理念

教学活动是有目的的社会实践活动，这一活动是在理念的引导下进行的，教学理念是教学活动的先导。从教学实践的过程来看，教学活动总是沿着“教学理念—教学准备—教学实施—教学效果—教学评价”这样一个轨迹而运行。教学理念在很大的程度上影响着教师的教学活动，而教学活动必须借助一定的方法和手段才能进行。那么，什么是教学理念呢？教学理念就是经过内化的教师个体的教学观，是教师在教学实践过程中，通过学习和反思构建主体所拥有的教学思想。虽然教师可以通过学习掌握各种各样的教学理念，但是真正在教学实践中发挥作用，对教学方法的选择和运用产生巨大作用的教学理念，必须是经过教师的内化而形成的、教师自己深信不疑的、承认的教学理念。可以说，教学方法的选择和运用要以教学理念为先导，但是只有教学理念而没有一定的教学方法，教学理念也难以对教学实践产生影响。

三、教学方法的特点

教学方法是指向特定课程与教学目标，受特定内容制约、为师生共同遵循的教与学的操作规范和步骤。教学方法的这三个规定性正好反映了教学方法的基本特点：第一，教学方法体现了特定的教育价值观，指向实现特定的教学目标。如果把教学的目的确定为知识的传授，那么就会有知识传授的方法；如果把教学目的确定为技能的训练，那么就会有运用技能训练的方法。第二，教学方法受特定的教学内容的制约。哲学家黑格尔曾说，“方法是‘关于内容的内部的自我运动形式的意识’，就是说，方法不是任意规定的，它受特定内容的内在逻辑的制约，是特定内容的引申。”[①]也就是说，内容影响和制约着方法，教学内容发生了变化，教学方法应随之发生变化。第三，教学方法受教学组织的影响。教学组织形式不同，教学方法肯定不同。只对一个学生进行系统的讲授显然是不经济的，而如果是班级授课，还要以个别指导为基本方法，显然也是行不通的。具体来说，教学方法具有以下几个特点：

1.教学方法的多样性

教学目的、教学任务、教学内容、教学对象和教学条件等诸多因素对教学方法的选择有着制约作用，而这些因素的有机组合就构成了多种多

① [日]佐藤正夫. 教学论原理[M]. 钟启泉，译. 北京：人民教育出版社，1996：242.

样的教学方法。教学理论阐述的教学方法，往往将多种多样的教学方法概括为若干类，阐述若干个具有代表性的方法。由于影响教学目标完成的因素的复杂性，这也决定了教学方法的多样化。

2.教学方法的综合性

教学方法具有综合性，是因为一堂课传授的内容是复杂的，有多种教学目标要求，这就要求在一节课中必须综合使用多种教学方法。另外，一种教学方法的运用，往往只能在某一个方面或几个方面发挥积极作用，很难用一种教学方法完成教学中各项具体任务。因此，在使用一种教学方法时，要辅之以其他不同的教学方法，使之相互取长补短，发挥整体效应，更有利于全面完成教学任务，单一化的教学方法难以完成复杂化、多样化的教学目标使命。

3.教学方法的发展性

不可将教学方法看成永远不变的，它会随着时代及各种教学因素的变化而发展变化。教学方法和手段要受社会生产力和科技发展水平等诸多因素的影响和制约。古代落后的生产力必然决定了以语言传递知识为主的教学方法占主导地位，而在工业化和后工业化时代，先进的科技装备移植到课堂教学中，催生了许多全新的教学方法。当今社会，由于社会对人才素质的要求不断提升，要解决知识爆炸与学生有限学习时间之间的矛盾，并使所培养的人才具有独立接受新信息和处理新信息的能力，以适应生产力发展的客观要求，就必须探索新的教学方法。由于教学内容的不断丰富和更新，教学过程的主体和客体也在不断发生改变，影响课堂教学效果的因素也日趋复杂，这就注定没有一成不变的教学方法。动态发展是教学方法最突出的时代特点。

4.教学方法的可补偿性

在实际教学过程中，并不是面对某一种课程或某一类教学内容，必须使用同一种特定的教学方法。一种教学方法，可以用另一种教学方法去代替，去补偿。因此在教学过程中，对教学方法的使用不能绝对化，不可以对所有教师提出同一化的教学方法使用要求，教师应根据教学目标的要求、教学信息的呈现方式、教学对象的差异和教学组织形式的不同，灵活机动、优化组合使用科学有效的教学方法。

四、教学方法的主要类型

(1)根据外部形态和学生认识活动的特点,教学方法可分为以语言传递信息为主的方法,以直接感知为主的方法,以实际训练为主的方法,以欣赏为主的方法,以引导探究为主的方法。“这种划分比较符合我国教学的实际,有利于广大教师选用。”[①]

(2)根据目标指向,教学方法可以分为两大类:一类与有意识地使学生获得一些学习结果的活动有关,可再分为与获得知识信息有关的教学方法,与习得动作技能有关的教学方法,与习得智力技能、认知策略有关的教学方法,与巩固、运用知识和技能有关的教学方法,与习得态度有关的教学方法;一类与调节、控制学生的情意活动有关,“但这类方法在传统的教学中并不存在,人们没有意识到心理科学在情意方面对认知的影响。”[②]

(3)根据功能,教学方法可以分为“主教”方法与“助教”方法,即课堂中的教学方法和管理方法[③]。由于教学的功能正由单纯的知识传授逐步向多样化过渡,例如教学既要传授知识又要培养技能,既要掌握方法又要体验过程,既要陶冶情感又要帮助学生形成正确的态度和价值观,从而使教学方法的多样化成为必然。教学活动需要“主教”和“助教”两种方法都发挥作用,否则教学目标的实现就要打折扣,教学的效益就要受影响(表4-1)。

(4)根据教学活动以哪个主体的活动为主而进行,教学方法可分为以教师活动为主的方法和以学生活动为主的方法两种。以教师活动为主的方法主要有讲授法、谈话法、演示法等;以学生活动为主的方法主要有自学法、讨论法、发现法、练习法、复习法、实验法和实地作业法等。当然,只要是教学活动就必然是教师与学生共同的活动。

(5)根据教学活动的主要表现形式,教学方法可分为讲授—启发式、问题—探究式、自学—程序式、活动—经验式、情境—陶冶式(暗示—强化式)等多种。

---

① 李秉德,李定仁. 教学论[M]. 北京:人民教育出版社,1991:201.

② 李定仁,徐继存. 教学论研究二十年[M]. 北京:人民教育出版社,2001:205.

③ 施良方,崔允漷. 教学理论:课堂教学的原理、策略与研究[M]. 上海:华东师范大学出版社,1999:27.

表4-1　课堂教学行为的分类[1]

<table>
<tr><td colspan="5">课堂教学实施行为</td></tr>
<tr><td colspan="4">教学行为</td><td rowspan="3">管理行为</td></tr>
<tr><td colspan="3">主教行为</td><td rowspan="2">助教行为</td></tr>
<tr><td>呈示行为</td><td>对话行为</td><td>指导行为</td></tr>
<tr><td>语言呈示</td><td>问答</td><td>阅读指导</td><td>动机的培养和激发</td><td>课堂规则</td></tr>
<tr><td>文字呈示</td><td>讨论</td><td>练习指导</td><td>有效的课堂交流</td><td>行为问题管理</td></tr>
<tr><td>声像呈示</td><td></td><td>活动指导</td><td>课堂强化艺术</td><td>课堂管理模式</td></tr>
<tr><td>动作呈示</td><td></td><td></td><td>积极的教师期望</td><td>课堂时间管理</td></tr>
</table>

(6)根据不同的视角,教学方法可以从不同的维度进行划分。从学生在教师帮助下获得知识的方式上,教学方法可分为讲解法和发现法;以不同的教育哲学观为基础,教学方法可分为启发式与注入式;从获取信息的主要途径上,教学方法可分为语言的方法、直观的方法和实习的方法[2]。

(7)根据马克思主义关于活动过程的理论的角度,教学方法可分为三类:教学认识活动的组织和进行的方法,教学认识活动的刺激和动机形成的方法,教学认识活动效率的检查和自我检查方法[3]。

(8)根据教师与学生在教学活动中的作用,教学方法可分为提示型教学方法、共同解决问题型教学方法与自主型教学方法。提示型教学方法主要强调教师在教学过程中的主导作用,强调教师的教;自主型教学方法则主要强调发挥学生的主动积极性和主体作用,强调学生的学;共同解决问题型教学方法则强调教师与学生通过对话与讨论进行互动和交流,共同解决问题,强调师生的共同活动。

表4-2三种教学方法各有利弊:提示型教学方法比较适宜接受性学习,能够帮助学生短时间内掌握大量知识和信息;共同解决问题型教学方法适宜社会性学习,有利于学生运用"集体思维过程"和养成社会态度;自主型教学方法适宜自主性学习,适宜独立探究和发现,有利于学生自主性人格的发展。

---

① 施良方,崔允漷. 教学理论:课堂教学的原理、策略与研究[M]. 上海:华东师范大学出版社,1999:27.

② 段兆兵. 在选择中生成——论教学方法的选择与教学过程的生成[J]. 教育科学,2009(3):24-28.

③ 李定仁,徐继存. 教学论研究二十年[M]. 北京:人民教育出版社,2001:205.

表4-2 三种典型教学方法之间的关系①

项　目	提示型教学方法	共同解决问题型教学方法	自主型教学方法
学习方式	接受性学习	社会性学习	自主性学习
功　能	适合短时间获取大量知识、信息	适合“集体思维过程”的运用和社会态度的养成	适合独立探究和发现，及自主性人格的发展
哲学流派	要素主义	实用主义	人本主义

另外，教学方法还有许多分类方法。拉斯卡依据学生在教学中接受的学习刺激的不同，把教学方法分为四类，它们依次是呈现方法、实践方法、发现方法和强化方法。他认为，决定前三种方法的学习刺激（分别称为A、B、C刺激）都是在学生做出任何对预期学习结果的反应前提供给学生的，因此是“反应前”刺激，而最后一种方法的学习刺激（D刺激）则是在学生作出预期反应后，由对学生反应进行的强化构成的②。不同的教学方法，学习过程的假设不同，教师作用也不同。除呈现方法外，运用其余三种方法时，学生作用都是积极的。

五、教学方法的结构分析

（一）提示型教学方法

1.提示型教学方法的含义

提示型（呈示型）教学方法，又称直接教学，是以教师为中心的教学方法。提示型教学的运用程序一般包括日常复习和检查、呈现和组织、指导学生练习、反馈和纠正等具体教学环节。提示型教学的具体形式主要有语言呈示、文字呈示、声像展示、动作示范等几种。

2.提示型教学方法的实施

语言呈示指的是教师通过讲述、讲解、讲演等讲授方法，叙述或说明事物或事物发展变化的过程，分析和论证概念及概念之间的逻辑关系，抒

① 施良方，崔允漷. 教学理论：课堂教学的原理、策略与研究[M]. 上海：华东师范大学出版社，1999：30.

② 孙宏安. 简论教学方法的定义、分类和选择[J]. 教育科学，1994(4)：21-24.

发思想情感的教学行为。讲述是教师最常用的教学方法，教师讲述的要求：语言要形象、生动，有感染力，声音洪亮，抑扬顿挫，有节奏感；分析和讲解要思路连贯、层次分明，用词准确、清晰；抒发情感则要感情真挚，态度亲切，认真，感人。

文字呈示是在课堂上运用黑板、投影、教科书等手段把文字呈现给学生，学生通过掌握文字信息掌握知识、形成技能和态度等的教学方法。教师可以通过板书的形式呈现文字。板书也是教师的一项基本功。教师的板书不能太多，也不能太少；板书要规范、正确，特别是笔画笔顺要符合汉字书写的规范；板书字体大小要适中，使坐在教室后面的学生也能看清楚；板书要清晰、明确，自成系统，一目了然；板书要工整，不能过于潦草。有条件的学校要鼓励教师使用多媒体手段呈现教学内容，但投影也不能变成另一种"黑板"，而是尽可能发挥其独特的多媒体功能。同时，也不能过于依赖多媒体，忽视教师的板书，两者要互补，相得益彰。

声像展示（呈示）是利用现代化的教学手段，例如电影、电视、动画、多媒体等手段，利用视听技术，通过声音和图像展示教学内容，展示事物发生变化的过程，帮助学生直观地了解事物发生的场景和过程的教学方法。声像呈示能够提高刺激效果，发挥学生多种感觉器官的功能，在使用过程中要注意适当、适时、适合教学内容。声像呈示特别适合显示微观世界的面貌，展现事物发生的过程，不能代替教师的语言和板书，声音也不能过高，否则影响其他班级的教学，不能把教学纯粹变成看电影、看录像、听音乐。

动作示范（呈示）是教师在教学中通过动作示范帮助学生掌握技能技巧的教学方法。在器乐演奏、绘画、体育、实验操作、职业技能，如操作机床、使用手术刀等技能训练教学中，动作呈示发挥着重要作用。教师的动作呈示要恰当、得体、大方，科学、规范、合理；教师的表情要亲切、自然、认真；要把关键要领展示出来，并要求所有学生都能够观察到；在动作示范时还要伴有教师必要的讲解，使学生掌握要领；教师的示范要和学生的模仿、练习紧密结合，边示范边练习。教师的动作呈示既可以在教室进行，如演示实验操作、学生写字姿势、握笔手法等的示范，有些在实验室进行，如物理、化学、生物实验等的操作，有些则在操场等特殊场合，借用必要的器材加以展示。

3.提示型教学方法的特点

提示型教学方法的优点:第一,有利于学习者在短时间内掌握大量知识;第二,能充分发挥教师的主体性和主导作用;第三,可以充分调动学生理智与情感的主动性、积极性。提示型教学方法的不足之处:不利于人的操作能力、发现能力的发展,易于导致注入主义、机械被动学习。

(二)共同解决问题型教学方法

1.共同解决问题型教学方法的含义

共同解决教学问题型教学方法是借助师生对话,共同思考、共同追求、共同解决问题、共同获得知识、发展能力和人格的教学方法。共同解决问题型教学方法主要包括教学对话、课堂讨论。共同解决问题型教学方法体现了教育的民主性追求,有助于调动师生两个主体的主动性,提高教学质量,也有助于提高学习的积极性,提高学生解决问题和探究的能力,还有利于发挥学生创造性,发展交往能力和社会态度。

2.共同解决问题型教学方法的实施

教学对话是以教师的指导、学生的自由思考、自由表达为特征的教学方法,旨在促进学生的发展。教学对话一般包括教师提问学生回答或学生提问教师回答两种方式。教学对话中教师应注意:所提出的问题是否复杂或可作多重理解,教师是否只接受自己所期望的答案,为什么提这个问题,是否用问题作为处罚手段,如何对待学生的问答等问题。教师提问学生回答时,问题本身要清晰,要根据学生的知识水平,学生通过思考是可以回答的;教师提问时要以鼓励的语言,激励学生通过努力回答问题;要对所有的学生一视同仁,使每个学生都有回答问题的机会,对于学生的关注程度基本相近,不能厚此薄彼;对于学生的回答,教师必须作出回应,并进行恰当的评价。提问过程中先提出问题,让所有学生都有思想准备,有一个思考的过程,等待必要的时间后再叫学生回答问题,而不是先叫学生然后再提出问题,避免有些学生放弃思考,直接听别的同学的回答而印象不深刻的弊端。学生提问教师回答时,学生的问题可能是教学内容当中的疑难问题,也可能是学生独特的个人化的问题,但一旦学生提出了问题，教师一般都应作出必要的回应。应根据问题本身的特点，既可以立即予以解决，也可以通过查询有关资料进行解决，也可以与学生共同探讨，寻求解决问题的方案。教师要平等地对待学生，使每一个问题都有相应的解决方案，而不是有问无答，没有结论和下文。

课堂讨论是教师与学生以平等的身份围绕某一个问题自由发表意见，彼此分享见解的一种特殊的交流形式。首先要创设课堂讨论情境，提出富有挑战性、真正吸引学生、有价值的问题与课题。其次，教师要以平等的身份与学生展开讨论，尊重学生人格。最后，教师与学生均以平等的一员参与讨论，畅所欲言，表达真实的想法和见解，每个人都应为讨论做出建设性的贡献。教师不能先入为主，限制学生的思维。讨论结束以后，学生实际上并没有掌握科学的概念和正确的原理，只是分享了别人的经验和看法，教师就要适时地组织学生进行分析，发现哪些观点是正确、合理、有说服力的，哪些观点有问题、是偏见，在比较、鉴别、更正当中得出科学结论。

合作学习是课堂讨论的一种新形式。在分组进行合作学习的过程中，要注意围绕一个中心话题进行讨论，同时要帮助学生建立良好的课堂讨论习惯与规范，学会倾听和分析，积极参与到问题的讨论中，积极思考，提出富有创造性的新颖的观点和见解。

3.共同解决问题型教学方法的特点

第一，能够调动师生双方的积极性，有利于学生社会性的发展。在共同解决问题型教学中，教师与学生都参与到教学活动之中，只不过在对话活动中，教师与个别学生交流，而在讨论活动中，教师与很多学生交流，学生与学生之间也开展交流，体现了教学是一种特殊的交往活动的主张。第二，对话和讨论是高强度的智力活动。无论是对话还是讨论，实际上都是主体的思想观念、知识技能与人格特征的交往，在交往过程中既包含了倾听，也包含着判断、分析、评价、批判等思维活动，还包含着赞同、分享、质疑等思维活动，是对自己观点的辩护，也是寻找证据，增强说服力的智力活动。第三，对话和讨论的方式可灵活安排。可以安排一天，或一个下午、一节课，也可以在教学过程中随时用几分钟进行；既可以经过长期的准备专门安排时间进行，也可以在教学过程中随机安排；对话与讨论的话题可以是对事实的验证、核实,也可以是观点的冲突和争鸣,还可以是结论的得出、答案的寻找等;既可以是教师与个别学生的交流,也可以是教师与多个学生的交流,还可以是生生相互之间多主体的交流。

(三)自主型教学方法

1.自主型教学方法的含义

自主型教学方法是学生能动的自发的学习活动,学习任务由学生完成,在某种程度上是学生在教师引导下的自学。自主型教学方法主要包括探究与发现。自主型教学方法能够提高学生掌握知识和技能的效果,促进学生形成良好的学习态度与习惯,提高学生的自学能力。

2.自主型教学方法的实施

如何组织学生自主型学习活动?第一,确定适合自主性学习的课题,明确学习目标;第二,准备有助于自主性学习的学习手段,探求解决问题、实现目标的策略或方法;第三,分配适合自主性学习的课题;第四,估计学生在学习中可能遇到的困难;第五,总结学习成果,并开展实际应用的练习;第六,正确评价学习的过程与结果。

自主学习形式可以分为自主阅读、自主练习、自主活动几种方式。教师指导学生自主阅读应注意以下几点:阅读之初教师要给学生明确的阅读任务,以阅读思考题等形式呈现给学生,使学生带着问题、任务去阅读;阅读过程中要给予必要的检查和个别指导,帮助学生解决阅读疑难;阅读结束后要给予总结和评价,帮助学生形成正确的观念和认识,掌握思考问题的方法等。

自主练习是在课堂上教师通过布置习题或其他练习,指导学生通过练习提高知识技能的教学方法。自主练习有时和家庭作业结合起来进行。教师应注意以下几点:第一,练习题的选择要有代表性、典型性,通过练习能使学生达到举一反三、触类旁通的效果。第二,练习的量要适中,习题过多,练习成了简单重复,就会加重学生课业负担;而题量过少,又达不到练习效果,很难巩固知识技能。练习的量要根据学生的学习能力、年龄、年级的高低、学科的性质及具体单元和课时的教学任务加以确定。第三,练习过程中要进行必要的指导,帮助学生解决疑难,练习结束之后要给予总结讲评，使学生既能理解知识、掌握技能，又能巩固知识、强化技能。第四，作业练习的批改也是必不可少的环节。“批”是教师对学生的作业练习进行的定性评价，要用准确、恰当、激励性的语言进行简单评价，注意既要指出存在的不足和问题，又要指出改进的方向；“改”是对学生作业和练习中的错别字、错词、错误的思维过程和方法、错误的结论等的纠正。恰当的改能使学生发现学习中关键的错误，引起学生警示，对于帮助学生形成正确的知识、技能，特别是掌握关键知识点具有重要作用。

学生的自主活动主要是指与教学相关的各种活动，主要有小组讨论、课本剧演出、社会调查、实验、各种学习竞赛活动、文艺演出、体育比赛、研究性学习、社会实践和社会服务等活动。这些活动有些在课堂里进行，有些在其他场所进行。第一，教师要帮助学生建立活动组织，指定小组活动的负责人，使活动在“管理”下进行。第二，教师要对活动进行设计，虽然是学生自主的活动，但教师要引导学生参与活动设计，使活动有可行的计划，为产生好的效果打下基础。第三，在活动过程中，教师要给予方法上的指导，把可能存在的问题和困难估计充分，准备好必要的器材等，以免影响活动的开展。第四，活动结束后，教师要组织学生及时进行总结和交流，使学生不断积累经验，掌握处理这些问题的方法，使活动产生多方面的效果。

3.自主型教学方法的特点

一是强调学生的自主性，有利于学生自主性的培养。教师要尽可能调动学生自主学习的积极性，由学生自己自主地设计活动方案、了解学习任务、开展自主学习活动，不能越俎代庖；教师对学生的活动也不能不闻不问，而是要给予必要的指导。二是强调探究性，有利于创新和实践能力的培养。自主型教学活动不能成为另一种课程，一定要具有探究的特点，通过这些活动帮助学生形成探究的欲望和能力。三是强调价值性，促进学生素质的整体提升。学生的自主活动必须具有教学价值，能够帮助学生掌握知识、技能，掌握过程和方法，形成良好的情感、态度、价值观。

六、中小学常用的教学方法

目前，一般以学生认识活动的不同形态为分类依据，把中小学常用的教学方法分为以下三大类：

(一)以语言传递为主的教学方法

这是以口头语言和书面语言为主授媒介对学生进行基础知识和基本技能训练,培养学生综合能力的一类教学方法。它主要包含讲授法、谈话法、讨论法、读书指导法。

1.讲授法

讲授法是一个古老的教学方法,至今也是最基本的教学方法。它是教师运用语言方式,系统地向学生传授科学知识和技能,传播思想观念,发展学生能力的一种教学方法。其具体实施形式可分为讲述、讲解、讲读、讲演等几种方式。讲述是向学生介绍、叙述和描述事物;讲解是向学生解释、说明和论证事物,讲清道理;讲读是把讲和读结合起来,在讲述和讲解过程中指导学生阅读教科书;讲演是向学生进行系统的理论阐述和演示论证,最后得出科学的结论。

讲授法能够充分发挥教师的主导作用,使教师能将科学知识系统连贯地传授给学生,保持理论知识的系统性和连贯性,使学生在较短时间内获得较多的知识;能保证在传授科学知识的同时,有目的、有计划地对学生进行思想品德教育。这种方法的缺点是学生处于被动接受的地位,较少有各种活动和独立思考的机会,学生的积极性和主动性不易发挥。

运用讲授法的基本要求:讲授内容注意科学性和思想性的有机结合;讲授内容的组织有逻辑性和侧重点;讲授方法注意启发性和诱导性,善于设问解疑,激发学生的求知欲望和积极的思维活动;教学语言应具有清晰、精练、准确、生动等特点;适当地运用体态表情,以板书和多媒体设备配合教学。

2.谈话法

谈话法又称问答法,是教师根据学生已有的知识经验提出问题,引导学生独立思考,通过师生问答的方式进行教学的方法。谈话法具体可分为启发性谈话、复习性谈话、指导总结性谈话等几种方式。启发性谈话是通过向学生提出具有启发性的问题,一步一步地引导学生运用已有知识对当前事物的观察,深入思考和获取新知识;复习性谈话是根据学生已学内容提出问题，达到复习、检查和巩固知识的目的；指导总结性谈话多在参观、实验和实习前后进行，使学生明确活动目的、要求和内容，回答学生疑问，做活动总结。

谈话法有助于集中学生的注意力，激发兴趣，唤起学生积极的智力活动；培养和调动学生学习的积极性，有利于培养逻辑思维能力；活跃课堂气氛，培养学生语言表达的能力；有利于及时反馈，弥补不足，易于学生巩固和记忆新知识。

运用谈话法的基本要求：使用谈话法的前提条件是学生必须具有一定的知识基础和经验储备，这就要求谈话不能脱离学生已有的认知图式和知识背景。谈话法的效果取决于教师的教学水平，取决于教师所提问题的内容和方式。因此，教师必须做好充分的准备，在考虑学生的知识经验的基础上准备好谈话提纲；谈话中所提出的问题必须具体、明确，富有启发性，难易适当；提问要面向全体学生，给学生一定的思考时间，善于启发诱导；谈话结束时，要进行归纳和总结，使学生获得系统、概括的理论知识。

3.讨论法

讨论法是学生在教师的指导下围绕某个问题，发表各自见解，从而互相启发，探讨问题的一种教学方法。讨论法的种类很多，可以是整节课的讨论，也可以是几分钟的讨论，可以是全班性的，也可以是小组讨论或是与学生个体进行的讨论。

讨论法类似于头脑风暴法，可以互相启发，集思广益，取长补短，从而加深对知识的理解，可以活跃学生的思维，激发学习兴趣，充分发挥学生的主动性、积极性和创造性；有利于培养学生钻研问题的精神和语言表达能力，促进学生灵活运用知识分析、解决问题的能力。讨论法常结合讲授法、谈话法等方法运用，要求学生具备一定的知识基础和理解能力。

运用讨论法的基本要求：讨论开始，要告诉学生讨论的问题和相关要求，讨论的问题要有吸引力，能引起学生钻研的兴趣；在讨论中既要让学生自由发表见解，又要引导他们围绕问题展开讨论，鼓励学生设疑问难并大胆地展开有理有据的争论；讨论结束后要进行小结，归纳问题的答案，提出进一步需要思考的问题，引导学生深入学习。

4.读书指导法

读书指导法是教师指导学生阅读教科书和课外参考书籍,获取知识和技能,培养学生自学能力的一种教学方法。

读书指导法有利于培养学生认真读书、独立思考的习惯,提高学生的阅读能力;可以弥补教师讲授的不足,扩大学生的知识面,丰富精神生活,提高学生自学和自我教育的能力。

读书指导法的一般步骤是:教师布置阅读内容,提出要求,并告知阅读方法;学生课外阅读,发现问题、分析问题,把遇到的困难记录下来;学生带问题进课堂或请教老师;老师针对学生的困难或难点,给予启发或帮助解决,并做进一步阅读指导。

运用读书指导法的基本要求:提出明确的目的、要求和问题,让学生带着问题去阅读;教授学生科学而高效的读书方法,学会利用书籍的目录、序言、注释或查找工具书等帮助理解,学会做读书笔记;对学生在阅读中发现的问题加以辅导;对阅读情况进行检查,适当举行读书心得交流会,以便相互启发。

(二)以直观为主的教学方法

这是教师对实物或实物的模拟现象的演示,帮助学生获得感性认识,领会和掌握理性知识,培养学生观察力的一类教学方法。

1.演示法

演示法是教师在教学过程中结合自己的讲解和谈话,把实物、教具等展示给学生观察,或者做演示性实验,充分利用学生的各种感觉器官,使学生通过观察获得知识、巩固知识的一种教学方法。分为图片、图表、挂图类演示,实物、标本和模型类演示,幻灯、录音、录像、教学视频类演示和实验类演示等四种。

这种方法的优点是形象、具体、直观和真实,可帮助学生获得丰富的感性认识,加深对事物的印象,有利于激发学生的学习兴趣,加强学生对所学知识的理解和记忆,发展学生的观察力。这种方法必须与讲授法、谈话法配合使用。

运用演示法的基本要求:演示前教师做好充分的准备,以保证演示效果;演示时,要使学生明确演示目的、要求和过程;尽量使每个学生观察到演示对象与过程,使学生运用多种感官感知事物;引导学生观察演示对象的主要特征和主要方面;指导学生边观察边思考,感知与理解相结合,使学生掌握正确的知识;讲究演示的方法,注意把演示和讲解谈话有机结合起来;演示后,教师要做好总结工作。

2.参观法

参观法是教师根据教学的需要,组织学生到校内外的一定场所对实际事物进行观察、研究,以获得新知识或验证、巩固已学知识的一种教学方法。它可分为三类:一类是预备性参观,即安排在课前进行,目的在于为学生学习新内容提供一定感性认识;二是并行性参观,即安排在课程学习过程中进行,目的在于巩固和检查学生已获得的知识,并为进一步学习积累感性认识;三是总结性参观,即安排在课程学习结束后进行,目的在于学生用感性认识来验证或巩固已学知识。

这种方法有助于帮助学生更好地领会所学知识,开拓视野,激发求知欲,有助于理论联系实际,以弥补班级授课制教学组织形式下理论脱离实际的不足。

运用参观法的基本要求:做好参观前的准备工作,选好参观地点和对象,制定好参观计划;参观时要使学生明确参观目的、要求和过程,引导学生细心观察主要内容,引导他们搜集资料并做必要的记录,并对学生提出的问题给予正确的答复;落实好参观的安全保障措施;参观结束后,引导学生讨论,写成参观报告,做好总结工作。

(三)以实际训练为主的教学方法

这是通过实践教学使学生掌握基础知识和基本技能,培养学生实践能力的一类教学方法。此类教学方法强调学生手脑并用,学用结合,依靠实际训练发展学生的智力和体力,巩固所学知识,并形成技能技巧。

1.练习法

练习法是学生在教师的指导下,通过听、说、读、写、算、做等实际活动,巩固知识,形成技能技巧的一种教学方法。练习的种类包括听说练习、解答问题练习、创作练习、绘图练习、运动与文娱技能练习以及其他专项技能练习等。

练习法的作用在于使学生牢固掌握已学知识，把知识转化为技能技巧，同时有利于发展记忆、思维、想象等能力，培养克服困难的毅力和良好的学习习惯。

运用练习法的基本要求：要使学生明确练习的目的和要求，并在有关理论的指导下进行练习；使学生在理解的基础上去练习，并指导学生掌握正确的练习方法；练习的内容难易适度，练习的时间分配合理，练习方式要多样化；要注意练习的经常性和循序渐进；及时评定并反馈学生练习水平，使学生明晰学习的质量，纠正练习中的错误。

2.实验法

实验法是学生在教师的指导下，运用一定的仪器设备进行独立操作，观察事物或现象的发展变化，以获得知识或验证知识、培养操作能力的一种教学方法。实验法和演示法有不同之处，实验法由学生自己动手操作，教师给予指导，而演示法则由教师示范操作。实验法有助于学生理论联系实际，激发学生学习兴趣，培养实验操作技能，培养学生实事求是、一丝不苟的科学精神以及对科学实验的兴趣，初步掌握科学研究的基本方法。

实验分感知性实验、验证性实验两种。感知性实验是在学习新课之前，使学生获得感性认识，为学习新课奠定基础。验证性实验是在讲完新课后的实验，目的是验证所学原理，帮助学生理解、巩固知识。

运用实验法的基本要求：实验前做好实验准备工作，包括分组和指定小组负责人；实验开始时向学生说明实验目的、要求和步骤；实验时要保证每个学生都要有实际操作的机会，指导学生观察实验对象的发展变化，分析各种现象，探索事物的本质规律，保存实验数据，并纠正学生实验中的一些错误，帮助解决一些困难；实验过程中要保证实验的安全；实验结束要做好总结工作，要求学生写出实验报告并对其进行评价。

3.实习作业法

实习作业法是学生在教师指导下进行一定的实践操作活动，以培养学生的实际操作能力的一种教学方法。这种教学方法具有实践性、综合性、独立性和创造性，有利于学生将所学的知识运用于实际，训练学生实习作业的技能技巧。实习分为教学实习和生产实习两种。

运用实习作业法的基本要求:做好实习准备工作,制定出具体的实习工作计划;使学生明确实习目的、要求、具体方法和注意事项;把集体指导与个别指导结合起来;注重实习过程中的安全指导;结束时做好实习总结与评定工作,加强对学生实习作业的组织管理,及时检查评价学生的实习作业。

七、教学方法的运用

中小学的教学方法是多种多样的,前面介绍了其中的主要方法,随着教学方法的改革还会有许多新的方法诞生。这些方法各有千秋,分别适用于不同的教学任务和教学内容。教学方法的分类只是相对的,我们认为各种教学方法应该结合起来使用,这样才能达到事半功倍的效果。

(一) 选择教学方法的基本依据

1. 依据教学目标和任务选择教学方法

不同领域或不同层次的教学目标和任务的有效达成,要借助于相应的教学方法和技术。掌握知识,宜选择讲授法、阅读法等;形成技能,宜选择练习法、实验法、实习法等;陶冶个性,宜选欣赏法、参观法等。同时要根据实际条件,选择最佳教学方法,防止教学方法定格化。

2. 依据教学内容选择教学方法

不同学科的知识内容与学习要求不同,不同阶段、不同单元、不同课时的内容与要求也不一致,这些都要求教学方法的选择要有多样性和灵活性。

3.根据学生实际选择教学方法

学生的身心发展状况直接制约着教师对教学方法的选择,这就要求教师要科学而准确地研究分析学生的知识水平、技能状况、能力高低和情感的发展特点,以及不同的个性特长,有针对性地选择和运用相应的教学方法。

4. 依据教师自身素质选择教学方法

任何一种教学方法,只有适应了教师的素养条件,并能为教师充分理解和把握,才有可能在实际教学活动中有效地发挥其功能和作用。因此,教师在选择教学方法时,还应当根据自己的实际优势,扬长避短,选择与自己最相适应的教学方法。

5. 依据教学环境条件选择教学方法

教师在选择教学方法时，要在时间条件允许的情况下，最大限度地运用和发挥教学环境条件的功能与作用。

（二）运用教学方法的要领

1.启发式是运用教学方法的总的指导思想

教学中，不论采用何种方法，都必须坚持以启发式为总的指导思想。与启发式相对立的是注入式的教学思想，它是教师从主观出发，把学生看成单纯接受知识的容器，无视学生学习中的主观能力作用。启发式是指教师从学生实际出发，采取各种有效的方法去调动学生的积极性、主动性和创造性，引导学生通过积极的主观努力去掌握知识、发展智力、获得全面发展。由此可见，启发式教学思想是和尊重学生学习主体地位，指导学生学习方法，培养学生思维能力特别是创造力相联系的。

教学中的各种教学方法，在不同的指导思想下，既可以起到启发的作用，也可能出现注入式的情况，两者的教学效果截然不同。我们采用的教学方法，都包含着启发性的因素，都有利于调动学生的自觉性、主动性和积极性。但是启发性因素能否得到充分发挥，取决于教学方法的指导思想。教师若以启发式思想指导各种教学方法的运用，就能唤起学生的学习兴趣，激发学生的求知欲，启发学生独立思考，使学生的学习起到举一反三、触类旁通的效果。反之，以注入式思想为指导，同样的教学方法，却只能使学生成为一个被动的接收器和记忆器。

2.综合性是运用教学方法的基本要求

为了更好地完成教学任务，实现教育目的，必须坚持使用多种教学方法。实践证明，在教学过程中，学生知识的获得，能力的培养，智力的发展，不可能只依靠一种教学方法，必须把多种教学方法合理地结合起来。多种教学方法的合理使用，首先是由学生积极参与教学活动的需要决定的。心理学研究表明，单一的刺激容易产生疲劳，如果采用多种教学方法，就能够调动学生各种感官参与教学活动，进而提高学习的积极性和学习效果。其次是由教学内容、教学对象、教学环境以及教师素质的不同所决定的。教学内容不同,教学对象、条件各异,所采用的教学方法也就不同。最后,是由各种教学方法的性质和作用决定的。各种教学方法有各自的适应性和局限性,如演示法、参观法有利于观察能力和思维能力的形成,讨论法有利于分析问题和解决问题能力的培养。因此,教师要博采众长,综合使用教学方法。教师应当根据具体教学的实际,对所选择的教学方法进行优化组合和综合运用。

3.艺术性是运用教学方法的理想追求

教学方法的确定和选择尽管不是随意的,但是在教学实践中,不能按照固定程序进行,而要根据具体条件和需要,善于对教学方法再创造,再加工,灵活运用。教师虽然在备课时根据教学目标、任务、内容和学生实际情况选择了相应的教学方法,设计了教学程序,但在实际教学实践中,各种情况都可能发生,教师必须根据教学过程的动态,随时进行调整,灵活、创造性地运用各种教学方法,以取得最佳教学效果。

教师掌握了教学方法的科学性和艺术性的双重特点,能产生良好的教学效果。对教学方法的艺术性处理,要求教师遵循教学规律,掌握教学原理,并在教学实践中发挥创造性。这就要求教师将"教学有法而无定法"的精神落实在教学实践中,处理好科学性与艺术性之间的矛盾。

第五章　一节好课要有好的组织形式

教学活动是在一定组织的基础上进行的，整个教学过程还要进行持续的组织。没有组织的教学是原始的、自然的，不可能达到教学的高效益。一节课的进行不仅有各个环节的组织，还有各个要素的组织，两者的巧妙结合共同构成了教学的组织。好的教师善于组织教学，善于发挥各个教学要素的作用。组织好一节好课是教师的一项基本功。

一、教学组织形式概述

（一）教学组织形式的概念

学校的教学活动不仅要确定教学目标，选择教学内容，而且必须通过一定的形式才能有效展开。教学组织形式在教学理论和实践中处于落脚点的地位。教学组织形式是指为完成特定的教学任务，教师和学生按照一定制度和程序相互作用的结构形式，或者说，是师生的共同活动在人员、程序、时空关系上的组合形式。

（二）教学组织形式的变化与发展

随着社会政治经济和科学文化的发展及其对培养人才要求的不断提高，教学组织形式也在不断产生、演变和发展。由于不同的教学组织形式有它自身的教学价值，因此，在不同的历史时期出现了不同的教学组织形式。根据时间顺序，教学组织形式从个别教学制过渡到班级教学制，又向多样化的教学制发展。

1.古代学校以个别施教为基础的教学组织形式——个别教学制

个别教学制是指教师分别对个别学生进行传授与指导的教学组织形

式。它是历史上最早出现的教学组织形式，古代中国、埃及和希腊的学校教学基本上采用这种个别教学的形式。当时，由于受教育的人数少，且年龄层次和知识水平相差悬殊，教师只能根据学生的不同水平分别施教。在这种组织形式中，教师虽然与一群学生接触，但学生不属于一个固定的班级，在同一时间内，学生所学的内容不相同，进度也不一致；学生入学、毕业都是不固定的，可以随入随学，也可以随时结业。个别教学最显著的优点就在于教师能根据学生的特点因材施教，使教学内容、教学进度适合每一个学生的基本状况。但也正是由于这种师生之间一对一的教学组织方式，使教师无法在有限的时间内有效地影响更多的学生，使得个别教学只能处于低效率、小规模、慢速度的状态，并且学生之间难以相互观摩、共同成长。这种个别教学形式在古代学校普遍采用，是与古代社会生产力发展水平较低的状况相适应的。

2.近代以集体学习为主的教学组织形式

（1）班级教学制。班级教学制，又称班级授课制，是我国目前学校教学的基本组织形式。班级授课制将学生分配到固定的班级，教师在规定课时内进行分科教学，教学内容根据国家规定的课程标准确定。由此看来，班级教学制的确立适应了现代工业制度提高教学效率的需要和现代教育对民主平等的需要。近代学校的教学组织形式是以班级授课制为主，它产生于十六七世纪资本主义兴起的时代，捷克教育家夸美纽斯总结了兄弟会学校的教学实践，对班级授课制从理论上加以总结和论证，使它作为一种基本的教学组织形式得以确定；德国教育家赫尔巴特提出了教学过程的形式阶段理论，对班级授课的教学过程进行了阐述，明确了班级教学过程的设计与安排的问题；苏联教学论专家提出了课的类型和结构的观点，使班级授课制这种组织形式进一步完善。从19世纪开始，欧美各国针对班级授课制的基本结构进行了多样化的改革，提出了一些新的教学组织形式。

（2）贝尔-兰卡斯特制。18世纪末到19世纪初，为了适应工业生产对大批有初等文化程度的工人的需要，英国牧师贝尔（Dr. Andrew Bell）和教师兰卡斯特（Joseph Lancaster）在英国小学进行了学生相互教学制度的实验，设立“导生制”，也称“贝尔-兰卡斯特制”。这种教学组织形式以班级为基础，但教师不直接面对全体学生，而是在学生中选择一些年龄较大、学习成绩好的学生充任导生(moniter)，教师首先对这些导生进行教学，然后由他们去教其他学生。采用这种教学组织方式，学生的数额可以极大地增加，在一定程度上缓解了教师奇缺的压力。因此，它一度受到人们的欢迎，在英国风行三十余年，并流传到法、德、美、瑞士等国家。但是，采用这种“转授”的方式进行教学，不可避免地会造成教育质量的下降，最终这种教学组织形式被人们所放弃。我国在20世纪三四十年代，少数地区曾经试行过这种教学组织形式。

3.向个别教学回归的多样化教学组织形式

向个别化回归的教学组织形式的探索和实验，一直伴随着教育的发展。20世纪以来，在教学组织的发展历史中曾出现过多种教学组织形式。目前，教学组织形式开始进入后个别化时代，产生了如小组教学、合作教学、角色扮演教学、社会交往技能教学、非指导性教学等新的教学组织形式。

班级授课制替代个别教学，成为现代教学的基本组织形式，这对世界教育产生了巨大的影响。到了19世纪70年代，班级授课制开始遭到批评，与此对应，一场强调个别差异的教学组织形式的改造运动以美国为中心开始活跃起来。

最早提出对班级授课制进行改造的是“道尔顿制”。它由美国教育家帕克赫斯特(H.H.Parkhurst)提出，最初在马萨诸塞州道尔顿市的一所中学实施，亦因此而得名。在这一时期，还出现了分组教学、设计教学、文纳特卡制等不同的教学组织形式。

20世纪50年代以后，由于国际科技竞争和培养尖子人才的需要，分组教学、个别化教学再度受到重视，在对它们进行革新的基础上，产生了许多新的教学组织形式，如特朗普制、小队教学、活动课时制等。这样，教学组织形式的发展进入了以班级授课制和个别化教学为代表的多种教学组织形式并存的新阶段。

20世纪80年代以来，随着信息技术的发展，特别是互联网等新的通信技术的出现，一种全新的教育组织形式——远程教学、网络教学产生了。20世纪末又有了新的创造——建立在无形的网络基础上而不是建立在有形的学校设施基础上的“虚拟学校”，为更多的在传统的学校教学组织形式中无法获得教育的人提供了接受教育的可能性。尽管人们仍在争论其效果和质量，但它们的出现无疑在教学组织形式领域掀起了一场革命。

二、教学组织的几种特殊形式

1.道尔顿制

道尔顿制是教学的一种组织形式和方法。又称“契约式教育”，全称道尔顿实验室计划。由美国H.H.帕克赫斯特于1920年在马萨诸塞州道尔顿中学所创行，因此得名。它在弥补班级教学制度的不足、发展学生个性、培养学生独立工作的能力等方面有一定的积极作用，并对程序教学、个别指导教学等发生过影响；但它偏重学习学科知识，过分强调个性差异，忽视了班集体作用以及德育，在推行时往往形成了教学上的放任自流。此制在20世纪20年代后曾在一些国家试行，在我国上海、北京、南京、开封等地也进行过实验。自30年代后，采用此制者日渐减少。道尔顿制又是一种彻底的适应个性的教学方法。此法是要废除班级授课制，指导每个学生各自学习不同的教材，以发展其个性。其目的是废除年级和班级教学，学生在教师指导下，各自主动地在实验室（作业室）内，根据拟定的学习计划，以不同的教材、不同的速度和时间进行学习，用以适应其能力、兴趣和需要，从而发展其个性。

实行道尔顿制的主要措施：要布置各科作业室用以代替传统的教室。室内按学科性质设置参考图书、实验仪器、标本等教学和实习用具，并设教师1~2人指导学生学习。将学习内容分月安排，各科教师与学生按月订立“学习工约”，教师根据学生的程度，指定学生做某一个月的作业，并把它公布在作业室内。学生根据自己的能力，自由地掌握学习的速度和时间，并可与教师和同学研究讨论。学生完成本月的工约，须经教师考试，及格后才能学习下一个月的工约，把学生的学习成绩和进度登记在学习手册上。

2.设计教学法

设计教学法是美国教育家克伯屈（W.H.Kilpartrick）在1919年根据杜

威的实用主义理论而创设的一种教学组织形式。其突出的特点就是打破了学科界限,取消了教科书,学习以单元划分,根据学生的生活经验和偶发的兴趣来制定学习单元。教师的作用在于指导学生从实际生活情境中自己确定学习目标,制定达到目标的工作计划,开展各种实际活动,并检查工作结果。该教学组织形式有利于调动学生的主动性,并能加强与现实生活的联系。

3.文纳特卡制

美国教育家华虚鹏(Washbume,C.W.)1919年在芝加哥市郊文纳特卡镇公立学校实行的教学组织形式。按照这种教学组织形式,课程分两部分,一部分按学科进行,由学生个人自学读、写、算和学习历史、地理方面的知识和技能;另一部分是通过音乐、艺术、运动、集会以及开办商店、组织自治会来培养学生的"社会意识"。这一形式的特点是:第一,按单元进行学习,各单元都有明确的学习目标和具体的学习内容,并配以小步子的自学教材。第二,每个单元结束后,经测验诊断,接着学习新的单元。第三,教师随时对学生进行个别指导。与道尔顿相比,这种教学组织形式更加强化了教学的个别化,尤其是所创用的小步子教学的原则,对程序教学影响很大。

4.分组教学

为解决班级授课制不易照顾学生个别差异的弊端,19世纪末20世纪初在西方出现了分组教学制。有能力分组、作业分组、外部分组、内部分组等。能力分组是根据学生的能力发展水平进行分组教学,学习的课程相同,但不同组的学习年限各不相同。作业分组是根据学生的特点和意愿分组,学习年限相同,但不同组学习的课程不同。内部分组是在按年龄编班的基础上,根据学习能力或学习成绩的差异分组教学。外部分组则突破了传统的按年龄分班的做法,是按学生能力或成绩的差异,在同一个年级中编成不同的班级,在班级间分组,如分快班、慢班或重点班、普通班等。

分组教学能根据学生的学习能力或水平差异进行分层教学,能够适应不同层次学生的学习准备和学习要求,有利于因材施教。其弊端则表现为:不利于学生个性的健康发展,能力差的学生易产生自卑感;同时,由于缺乏不同水平学生间的相互交流,使学习差的学生发展的机会受到了限制。

5.特朗普制

特朗普制(Trum Plan)是由美国教育家劳伊德·特朗普在20世纪50年代创立的。这种教学形式试图把大班、小班和个人三种教学形式结合起来,实行大班上课,即把两个以上的平行班合在一起上课,讲课时应用现代化教学手段,由优秀的教师担任;小班研究,每个小班20人左右,由教师或优秀的学生领导,研究、讨论大班授课材料;个别教学,主要由学生独立作业,部分作业指定,部分作业自选,以促进学生个性发展。其教学时间分配为:大班上课占40%,小班研究占20%,个别教学占40%。当前不少国家都在某种程度上积极努力进行教学组织的尝试与探索,我国也有许多有益的经验。这种教学组织形式兼容了班级授课、分组教学与个别教学的优点。教师,尤其是优秀教师的作用得到充分发挥;学生自学、讨论和独立研习,使其主体作用得以充分体现,既培养了学生的思维能力、自学能力,又有助于学生合作学习态度的培养。这是一种在中学高年级和大学中值得推广的教学形式。

6.小队教学

1959年,由罗伯特·安徒生主持,在哈佛大学教育研究生院的协同下,进行了小队教学的实验研究,随后在美国许多中学实行。目前,小队教学与一些新的教学组织形式结合在一起,组成了新的教学活动形式。小队教学的基本特点是两名以上的教师一起工作,共同负责一个班或几个平行班的教学工作。教师的组成有两种方式:①常规的或分等的小队组织,即小队中有"带头人",另有教师和助手,采取分层负责的方式;②合作的或平等的小队组织,即小队中的负责人由各成员轮流担任,教师按需要及个人专长轮流教学,不用分层负责办法。

小队教学的积极意义在于,它改变了班级授课制下由一位教师全面负责的状况,可以更合理地使用教师的力量,有利于青年教师的成长;把大班教学、小组教学和个别教学结合起来,也有利于教学活动形式的多样化;由一名高级教师带领几名年轻教师共同教学,还有利于教师之间的交流、学习与提高。

尽管小队教学在美国许多学校中实行,但由于种种原因,它难以达到其倡导者所期望的高度。原因是多方面的:缺乏足够数量的优秀的小队领导者，缺乏合理设计和建造的各种教学场地，难以解决小队内教师之间的不同待遇和晋升问题等。虽然如此，小队教学仍不失为一种有前途的教学组织形式。

7.活动课时制

活动课时制是20世纪50年代美国学校采用的教学组织形式。它主要是对班级授课制使用统一的单位时间进行了改革，把原来的40~50分钟缩短为15~25分钟，并且主张不同的学科和不同的教学活动可以使用不同的单位时间。

受这种尝试的启发，我国近年来也开展了这方面的研究，并对其予以修改、补充。在我国，主要是核心课程如数理化延长教学时间，非核心课程如史地类则适当缩减，增加课间休息。

活动课时制在一定程度上提高了教学效率，但是它容易造成教学秩序混乱，不同班级由于上下课时间不同而造成相互干扰，教育管理的难度增加，课程表的安排也存在一定的困难。

8.开放课堂

开放课堂又叫开放教学，源于20世纪30年代进步主义者的教育主张，二战期间在英国的幼儿园得到采用，60年代在小学推广，70年代传到美国并在小学得到采纳。

其特点是教师不再分科系统地按照教材传授知识，而是为学生创设学习环境，由学生根据自己的兴趣在教室或其他场所自由活动或学习。对这一教学组织形式，人们褒贬不一。有人认为这是“儿童中心主义”的复活，听任学生的自由发展，意味着放弃了教育要求。有人认为它符合现代“非正规教育”发展的趋势，成人不应预先决定儿童的价值选择，而应让其成为自己所向往的人物，这种教学组织形式能使儿童成为有创造力的善于发现的人。

三、教学的基本组织形式——班级授课制

（一）班级授课制的含义与特点

班级授课制也称班级授课制度或班级教学，是将学生按年龄和文化

程度编成有固定人数的班级，由教师按照教学计划统一规定的课程内容和教学时数，根据课程表进行分科教学的一种教学组织形式。

班级授课制的基本特点可以归纳为以下几个方面：

第一，在教学人员的安排上，以“班”为基本单位，学生被分配在各个固定的班级。班级由年龄和知识水平相近的学生组成，并且人数固定，教师同时对班级全体学生进行同样内容的教学。

第二，在教学活动程序的安排上，以“课”为组织单位，教学一般分学科进行。每门学科每周预定的课时数一般根据国家规定的课时标准确定。“课”将教学内容以及实现这些内容的教学方法、教学手段联系起来，按学科和学年分成许多小部分，每一部分大致均衡、相对完整，而各部分间又密切联系。教学活动一节课接着一节课进行。

第三，在教学时间安排上，以“课时”为基本单位，每一节“课”都规定在统一而固定的单位时间内进行。目前，我国中小学每节课的时间大约为40~50分钟，课与课之间设休息时间。

第四，教学内容根据国家规定的课程标准确定，班级授课制要求一个班级的所有学生应该达到基本的要求，对学生学习结果的检查和评价也主要根据课程标准进行。

（二）班级授课制的优势与不足

班级授课组织在教育实践中已盛行了数百年，就目前来看，它依然是占主导地位的教学组织形式。这种教学组织形式之所以经久不衰，是因为它有着以下优势与价值：第一，把相同或相近年龄和水平的学生组织在一起，教师可以同时教授许多学生，全体学生可以在教师指导下共同前进，具有高效、经济、规范等优点，也有利于学生在集体中的相互切磋与启发，有助于学生社会性的健全发展。第二，教学按规定的课时来安排，可以有条不紊地进行，有利于预定的教学目标和教学任务的顺利完成。第三，分科教学有利于教师发挥主导作用，教师可以系统地讲授规定的学科内容，学生也可借此获得系统的知识、技能。第四，按照国家规定的课程标准确定教学内容，可以保证所有公民的基础学力的发展。

班级授课组织也存在着一些不足。首先，班级授课组织在某种意义上是应现代工业之科技文明提高效率的需求而在实践中占据统治地位的，所以，这种教学组织形式容易走向“效率驱动、控制本位”的极端。其次，班级授课组织坚持统一的教学进度，难以照顾学生的个别差异，容易走向“一刀切”、“划一主义”。再次，班级授课组织尽管便于教师发挥主导作用，但也使学生的主体地位受到一定的限制，学生的自主性、创造性不易充分发挥。而且，这种教学组织形式容易导致以书本为中心，忽视培养学生的实践能力。

（三）班级授课制的特殊形式

1.复式教学

复式教学是指一个教师在同一个教室的一节课内，向两个或两个以上不同年级的学生同时授课的教学组织形式。它大多适应学生少、教师少、校舍和教学设备简陋的学校和地区。当前，在一些偏远山区及一些人烟稀少的地区仍有学校采用这种形式。组织复式教学应该注意：首先，合理分班，采用异质分班的策略，尽可能把年龄不同的学生编在一个班级，例如一年级和三年级编在一个班级，二年级和四年级编在一个班级；第二，选好小助手；第三，制定好课表；第四，建立班级学习常规，培养学生的自学习惯。

2.现场教学

班级教学的场所通常在学校、在教室内，但它同样可以安排在校外、在事件发生的现场。当教师组织学生到与教学内容有关的场所进行教学时，就是采用现场教学的形式。现场教学实质上是针对班级教学主要在课堂实施、教学内容脱离现场情境的现实而提出的一种补充性的教学改革尝试。这种教学组织形式是在1958年我国为贯彻教育与生产劳动相结合的方针而创造的，是对班级授课制的一种改革措施。现场教学的组织实施者不仅有本科目的教师，一般还需要邀请现场的有关工作人员共同完成相关内容的讲解、指导任务。在教学内容与时间安排上，现场教学会突破教材的范围和固定的课时；学生的组织既可以以班级为单位，也可以以小组为单位。现场教学可以使学生在事件发生的现场直接掌握所学习的内容或技能，有利于理论联系实际，有利于学生在实践中获得知识，可以作为班级教学的补充。

目前,许多学校为了加强学生的感性意识,提高学生解决实际问题的能力,强化教学效果,纷纷使用这种教学方式。小学可以开展如生活适应、活动训练、实际语文与数学等现场教学活动。具体如认识超市中的公共厕所、过马路走斑马线、按红绿灯过马路、使用滚梯、操作电子门、超市购物等,中学可以组织学生参观监狱、戒毒所、法庭的公开审理等。

四、教学组织形式的改革

(一)新时期出现的新的教学组织形式

教育的发展、教学技术的进步、学生构成的变化,特别是班级授课制的局限性,促使人们不断探索新的教学组织形式。

1.走班制

在课程改革推进过程中,国内部分学校开展以"走班制"为主要形式的分层次教学实验,对传统班级授课制进行相应的调整和变革。一种情况是,在差异较大的学科实行"走班制",学校根据学生学习需求的不同,按层次授课,学生根据自己的需要和愿望,自主选择某一层次班学习;另一种情况是,开设一定数量的选修课程和模块,学生可以跨班级甚至跨年级选修同一模块的课程,教室也不固定,学生到教学班"走班"上选修课,其余时间在行政班学习。

2.分层递进教学

分层递进教学的研究在我国开始于20世纪80年代后期,主要目的是探索在班级授课制条件下,面对学生之间的显著差异,如何采取适当而有效的措施,促使全体学生获得良好的发展。

要使课堂教学真正面向全体学生,全面提高教学质量,需要解决整齐划一的教学与参差不齐的学生学习可能性之间的矛盾。要解决这一矛盾,就必须确立两个基点,一是教师的"教"要适应学生的"学",学生是有差异的,教也要有差异;二是包括学习困难的学生在内的所有学生都有充分发展的潜能,课堂教学中要形成一种促使全体学生都能在各自原有基础上得到良好发展的机制。在此基础上形成的策略称之为分层递进教学。

(二)教学空间组织改革的探索

不同的教学组织形式需要不同的教室物理环境,不同的教学空间组织影响着不同的教学方式及其效果。教学的空间组织主要是指在以个人学习为主的情况下,借助物理环境的设计(如综合考虑座位排列、走道、工作区域、设备、学具、教学材料等方面的安排),把教育意图渗透在安排好的环境中,间接地对学生的学习发生影响。教学空间组织主要是对学生座位的安排。目前,我国大多数教室学生的座位都是秧田式排列,学生座位整齐地排列,就像秧田一样。这种方式有利于教师传授知识,教师也易于控制整个课堂,发挥教师的主导作用,但师生交流不方便,特别是学生之间很难进行讨论和交流,不利于照顾个体差异。马蹄形或新月形的座位排列方式,可以弥补秧田式的弊端,师生交流方便,也易于开展讨论,但如果学生人数较多,就需要很大的空间。方形或圆形的座位排列方式有利于师生交流和生生交流,便于开展一些活动,但桌椅要经常移动。模块形的座位排列方式便于教师组织学生开展讨论,也有利于研究性学习、合作学习等新的教学方法的推行,但是模块型的座位排列方式易于造成学生之间的相互干扰,也不利于知识的系统传授。

因此,究竟采用哪一种座位排列方式,要根据学生的年龄、学生人数的多少,以及教师的组织能力和教学内容等灵活安排,做到扬长避短。

五、小班化教学

(一)小班化教学的内涵与价值

小班化教学就是降低班级学生人数,教师在一个较小的班级里进行班级授课,学生在一个班额较小的班级里学习,以掌握知识、发展能力与技能、培养个性为目标的师生共同的交往活动。

近几年,随着我国小学生数量的迅速减少和社会经济的持续快速发展,以及广大居民对高质量教育需求的增长,我国不少地方开始试行小班化教学组织形式。虽然人们对于小班化教学的优劣、小班的规模应该多大等有不同的看法，但是对于小班化教学的探索和实践已经成为教育改革的重要内容。一些发达地区的城市已经在逐步进行小班化的改造。可以说，小班化教学成为我国未来教学组织变革的重要趋势。

小班化教学的改造直接源自于对大班教学弊端的纠正。大班教学至少存在以下几个方面的弊端：首先，大班加大了教师在授课时课堂管理的难度，造成教师对部分学生疏于管理，使得那些本来对学习不感兴趣的学生逃离老师的视线，成为“边缘人”。其次，受教学时间和教学模式的限制，师生间、学生间的交流不够，不少学生得不到充分的展示与发展的机会，多数学生成了陪客，从而造成这部分学生“引人注意的需要”得不到满足，这时他们就会以各种异化的方式表达出来，如怪叫、做鬼脸、故意与教师唱反调等。再次，整齐、划一的教学内容和方法难以顾及学生的个体差异，缺少层次性。第四，不同层次的学生间的干扰难以消除。优秀生敏捷的思维，积极、踊跃的发言，给“希望生”造成了心理负担和精神压力。教师为了能让“希望生”跟上教学步伐而经常放慢教学进度，造成了课堂教学的高耗、低效。

（二）小班化教学的理论依据

根据价值取向的不同，可将已有的班级规模作用机制的研究划分为三大阵营：强调班级规模自身影响；强调教师改变；强调学生改变。然而，其缺陷是囿于课堂的狭窄范围。据此，班级规模作用机制研究应该深入到学校、家庭、社区与社会，在一个更广阔、更“真实”的环境中进行考察。

1.用班级规模自身影响解释小班效应

坚持这一理论立场的学者假定，学生学习是在一定的课堂环境中进行的，课堂环境决定着学生学习的成效，班级规模作为影响课堂环境的重要因素，对促进学生学习起着决定性作用。也就是说，小班之所以能够促进学生学习，是因为小班能够为学生学习创设优化的学习环境。总的来看，用班级规模自身影响解释小班效应的理论观点颇多，其中“班内小组规模”理论影响较大。坚持班级规模自身影响的理论阵营中，除了强调班内小组规模之外，还存在另外两种理论解释。

(1)班内小组规模理论。它的主要支持者和系统阐述者是英国著名小班研究专家布拉奇福德(Blatchford,P.)。布拉奇福德等人认为，班级规模影响学生学习，是班内小组的规模和数量而不是班级规模更直接地影响着他们的教学与课堂管理。班内小组的规模和数量对教师的教学行为、学生的学习兴趣、课程的广度和深度均产生直接影响。首先，班内小组的规模和数量影响教师用于学生的任务时间、教师对学生学习的个别帮助、班级管理与控制以及教师压力与补偿性努力；其次，班内小组的规模和数量影响学生主动与教师互动、学生投入与偏离任务行为、同伴关系；再次，班内小组的规模和数量影响学生所学课程的深度和广度；最后，班内小组的规模和数量、教师、学生课程的广度和深度共同影响学生的学习质量。由此可见，班级规模是通过影响班内小组的规模和数量这一中介，进而间接影响学生的学习质量(图5-1)。

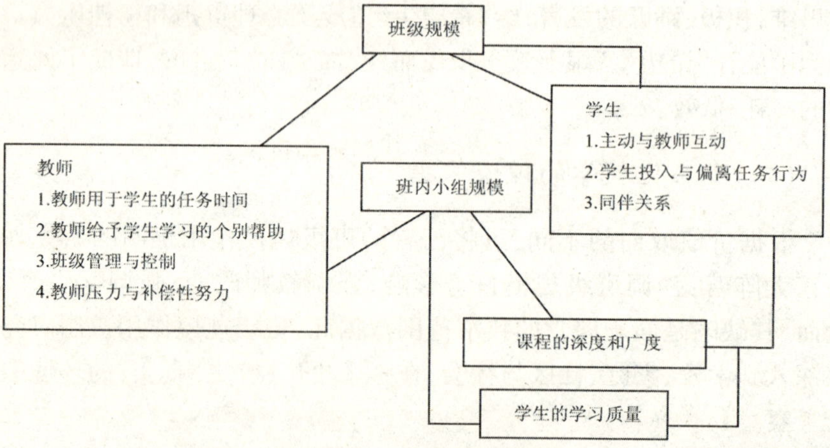

图5-1　班内小组规模理论解释模式

该理论对分层教学的启示：①在目前班额较大的这一客观现实无法改变的情况下，通过实施分层教学这一“准个别化”的教学形式来改变课堂教学环境，从而提高学生的学习成效；②在实施分层时，要妥善处理学生层次的数量和班级规模的关系，合理确定班内学生的层次数。

(2)有限教学资源理论。该理论假设每一间课堂的教学资源是固定的，班级人数越多，每一名学生分得的教学资源就相应越少[①]。这里的教学资源包括各种有形与无形资源，有形资源包括教室空间、黑板、教具、图书角与兴趣中心等，无形的教学资源包括教师用于学生的任务时间、教师给予学生学习的个别帮助、教师对班级管理与控制、教师的注意力等。这些无形的教学资源都与学生的学习时间相关；而学生的学习时间与学习效果紧密相关。该理论启发我们：在目前无法实施小班教学和大班教学在较长时期内将依然存在的情况下，采取分层教学，把有限的教学资源在各层次间进行补偿性分配，有利于适应学生间的个体差异，有利于因材施教。

(3)课堂异质理论。该理论假设，学生能力在总人口中呈自然分布，班级人数越多，学生间的能力差异越大，即最高成绩与最低成绩的差距越大，偏离平均成绩的离散程度越高[②]。显然，无论是差值大还是离散程度高，都会给教师的有效教学带来诸多不利影响。该理论启示我们：在学生间的个体差异较大的大班里需要对学生实施分层教学，使处在同一层次的学生能够站在同一个起点上，从而使处在同一层次学生间的差异趋向最小化，避免了在传统的大班教学中优生在课堂上积极、踊跃的表现给“希望生”造成的精神压力和思想负担，有利于基础较差的学生克服过去的自卑心理，重新树立起学习的信心，使他们能够更大胆、更主动地投入到学习实践中去，从而有利于素质教育的顺利推进。

2.用教师改变解释小班效应

坚持这一立场的学者认为，小班改革的优势主要不在于班级规模减小本身，而在于由班级规模减小所带来的教师改变。小班之所以能够提高学生的学业成绩，在于教师个别化教学的增多所发挥的重要的中介与转化作用。小班改革要取得成效，必须让教师“动”起来。小班在增加教师个别化教学的同时，学生的动手活动也随之增多，成为影响学生学业成绩提高的又一个重要因素。尽管学生的动手活动因小班得到增多，但

---

① MITCHELL, D.E., BEACH, S.A., BADARAK, G. Modeling the relationship between achievement and class size: A reanalysis of the Tennessee Project STAR data[J]. Peabody Journal of Education, 1989,67(1).

② MITCHELL, D.E., BEACH, S.A., BADARAK, G. Modeling the relationship between achievement and class size: A reanalysis of the Tennessee Project STAR data[J]. Peabody Journal of Education, 1989,67(1).

是，无论就改变的幅度、普遍性，还是对学生学业成绩的影响来看，都远不及个别化教学。因此，它不是小班效应的主要原因。

坚持教师改变立场的学者众多，除了强调教师个别化教学的增多之外，还有强调教师价值观改变的学者，他们认为小班对教师的实质影响是从根本上改变了教师的教育观、教学观、课程观与学生观。还有强调教师教学策略改变的学者，他们认为，小班为教师使用各种富于创新意义的教学方法与策略，如探究性学习、研究性学习与自主合作学习等创造了良好条件。强调教师努力程度的学者认为，在小班，教师的压力变小，与校长、家长、同事及学生的关系变好，教师的热情、士气和工作满意度更高，从而使教师工作的努力程度得到提升等。实质上，在班级规模作用机制的阐释上，无论怎么强调教师改变的作用都不为过。

这一理论对教学组织的启示：要重视教师在教学组织中的作用；推动教师在教育观、教学观、课程观、学生观、教学策略、教学行为和努力程度等诸方面的改变。

3.用学生改变解释小班效应

坚持这一立场的学者认为，小班的最大改变在于改变了学生的行为[①]。随着班级规模的减小，学生对学习更感兴趣，学习投入与努力程度更高。

（1）学生投入理论。著名小班教学研究专家芬恩（Finn，J）强调了学生投入的重要性。他假定班级规模及其他班级特征、教师教学行为等都不能直接影响学生学业成绩，而必须经过学生投入进行"过滤"。这就是说，小班的优势主要不在于班级规模减小，也不在于教师行为改善，而在于学生投入的提升。芬恩将学生投入分作两种情况：①学生学术投入；②学生社会投入。学术投入，指的是学生主动与教师配合，听从并完成教师的任务安排，积极参与师生互动，主动向教师寻求帮助等。与此相应的学术不投入行为包括上课不专心，干扰教师教学，在学习任务中退缩等。社会投入（亲社会行为）包括学生准时到校，听从教师安排，遵守班级规则，对班级有认同感与归属感，与同学和教师和睦相处，主动帮助他人等。与此相应，社会不投入行为（反社会行为）包括违反班级规章制

① FINN,J. Small classes in American schools: research, practice, politics[J]. Phi Delta Kappan, 2002,83(7).

度,逃学,迟到,早退,与同学冲突,不参与集体活动甚至搞破坏等。为了解释小班为什么能够提高学生学术投入,芬恩借助社会学与心理学研究成果,提出了两种解释理论。

(2)"在前线"理论。在小班,每名学生都暴露在教师的视野与注意范围内,成为了教师关注的中心,随时都有被教师点名回答问题的可能,经历着较大的活动参与压力,所以学生学习更加投入,尤其是那些学习不认真的学生,也不得不集中注意力,投入到学习活动中。与之相反,在大班,教师只能抓两头而漏一般,无法顾及所有学生。在这种情况下,那些本来就对学习不怎么感兴趣的学生就会逃离教师的视线,成为"边缘人"。

(3)"个体可见度"理论。教育心理学研究发现,每一名学生都不愿意"默默无闻",都有"引人注意的需要"。然而在大班,为了完成教学任务,教师不得不忽略部分学生,从而造成这部分学生"引人注意的需要"得不到满足,这时,他们就会以各种异化的方式表达出来,如上课怪叫、做鬼脸、故意与教师唱反调以及大喊大叫等。而在小班,诸如此类的现象很少甚至不会发生。如果说上面的情况是学生不甘"默默无闻"而主动抗争的例子,那么下面这种情况就可算是那些"默默无闻"者做出的消极应对,即学生的"退缩"现象。这类学生不干扰其他同学也不影响教师教学,而是独自躲在教室的偏远角落"享受"那别样的"孤独"。只要稍微深入课堂就会发现,在大班,这种现象不仅存在并且大量存在。而这就是学生逃学、旷课以及孤僻症、自闭症等众多心理疾病产生的内在根源。

该理论启示我们:在当前大班条件下实施小班化分层教学,有利于将教师的注意力这一稀缺而又珍贵的资源在各层次间进行补偿性的分配;教师在实施小班分层教学中应充分利用学生的主动性。

4.从社会环境解释班级规模

持这一立场的学者主张将班级规模作用机制问题放到一个更大、更"真实"的环境中,如学校、家庭、社区乃至社会进行考察。诚然,班级规模作用机制问题根源于课堂,但是,课堂毕竟不是绝缘的,它无时无刻不受到来自课堂以外的多种复杂因素与关系的影响。离开了学校、家庭、社区与社会影响谈课堂,将永远找不到班级规模作用机制的真正价值所在。

这一观点启示我们:对大班条件下以自主学习为中心的学生分层教学模式的支持条件的探讨,应放到一个更大、更“真实”的环境中进行考察,如学校、家庭、社区乃至社会。

综上所述,班级规模作用机制理论为我们从不同侧面、不同角度分析分层教学提供了较好的理论框架。

(三)小班化教学的组织

严格来说,小班化教学究竟应该如何组织,与大班教学究竟有何区别,在小班化环境里,教师与学生的关系应该如何处理等,是小班化教学必须要考虑的问题。小班化教学在我国是近几年出现的新的教学组织形式,一方面是为了提高教学质量而进行的教学改革,另一方面,在我国有些农村学校,由于适龄儿童数量的减少,班级学生人数降低,从而形成不少自然小班化教学。而在发达国家,小班化教学已有很长的历史。

要合理有效地组织小班化教学应该注意以下几个方面的问题:一是降低班级规模。在大多数城市学校里,由于学生人数多,很难像发达国家的学校那样把班级人数限制在20人以下,一般以低于36人为小班的标准,实际上,学生人数超过40人就应该不是小班了。二是改变教学方式。小班化教学的目的并不仅仅是为了降低班级人数,而是提高教学质量,改变教学方式,充分发挥学生的主动积极性,进行主体性教学。因此,教学的主要目的是加强师生互动,丰富教学方法,改变教师满堂灌的单一讲授模式,使教师讲授、师生对话和学生讨论等教学活动都能够有效展开。三是改善教学环境。有的学校采用小组模块式的空间班级结构,便于开展合作学习和师生讨论,学生参与教学的几率增加;有的学校里有小黑板或小白板,每个小组一个,在讨论中供学生记录和展示讨论的问题和结果;有的学校教师给学生发放“导学条”,每个小组一个,在“导学条”里提出学生学习的任务和方法,以及时间等要求,学生自主学习得到保障。

六、合作学习

随着基础教育课程改革的逐步深入,合作学习逐渐引起人们的重视,并被越来越多的教师所采用。合作学习是指“学生在小组或团队中为了完成共同的任务，有明确的责任分工的互助性学习。”[①]组织是合作学习顺利开展的关键。

（一）合作学习的含义

兴起于20世纪70年代末的合作学习着眼于课堂上的人际互动，它是一种班级授课与小组活动结合的教学组织形式，它试图通过组织合作性人际交往促成所有学生在认知、情感和社会性等方面的全面发展。合作学习以小组学习为主要组织形式，通常将全班学生按照性别、学业成绩、能力倾向等方面的差异划分成由4~6名学生组成的异质性小组，成员之间存在着一定的互补性，而班内各合作小组之间又具有同质性，为各小组之间的公平竞争创造条件。

合作学习将学生的个别差异视为积极的教育资源加以利用，充分利用了同伴交往的激励机制，有利于学习差的学生在同伴的帮助下取得进步。合作学习可以使学生产生具有社会意义的学习动机，提高学习水平；合作学习可以迅速提高学生社会化的程度，消除人际偏见，改善学习者之间的人际关系；合作学习对学生掌握学习的智力技能和交往技能也是非常有利的。在教学形式上，合作学习强调以集体授课为基础，以合作学习活动小组为基本形式，力求体现集体性与个体性的统一，克服了传统教学既忽视学生自主性又丧失了学习共同性的弊端。合作学习有助于淡化班级授课制中师生的单向权威关系，将积极的人际互动引入课堂，突破了传统教学忽视人际交往的弊端，构建了新型的集体性教学组织形式。当然，合作学习的教学形式在实际操作中会遇到一些问题，如异质分组是否令组内交流时彼此之间缺乏共同语言；如何避免异质小组内的“小权威”的独断专行、包办任务；对小组内异质成员如何公平、有效地进行评价；怎样使合作学习在有限的时间内获得最好的学习效果等。

（二）合作学习的意义

1.合作促进交流

合作学习的本质实际上是一种建立在坚持个人独立性基础上的协

①王坦. 合作学习论[M]. 北京：教育科学出版社，1994：18.

作。合作学习中的交流主要包括教师与学生的交流和学生之间的交流。由于不同的学生有不同的知识背景,有不同的学习方法,对同样的学习内容就必然存在不同的理解。而合作是共同探究存在的问题、寻求共同答案的过程,是对问题理解的修正和进一步探讨,也是对自己所学知识进行验证的过程。通过合作学习,学生的理解达到了更宽更深的程度。因此,合作学习的首要价值在于促进交流,分享别人的智慧、体验、理解。这种交流过程对学习者来讲具有互补性质,是学生之间各自的信息、感受、理解、经验的相互分享,是一种积极的学习,既能分享他人的成功经验,也会避免犯别人所犯过的错误。学生在合作学习中掌握的经验是丰富的,也是得到别人印证的,因此,是比自己的个人经验更优越的经验,是得到补充的经验。

2.合作习得知识

知识的习得是学生学习最重要的目标,而知识的习得必须建立在理解基础之上,如果不能理解,就不能增长知识。在传统的教育活动中,虽然在课堂上学生之间也进行合作与交流,但实际上只是在教师组织下为完成作业而进行的课堂活动,学生的学习更多的是一种个人化的独立学习过程,真正的合作是很少见的。而在合作学习中,由于主体之间存在相互影响,因此,为学生提供了理解知识、验证知识、巩固知识的机会,从而消除了个人理解的狭隘性和对知识的偏见和盲从,促进了知识的习得。学生掌握知识的过程就由被动记忆转化为主动体验,知识也就实现了由别人向学生个人的转化,个人的知识也在这种转化中实现了优化和人格化。

3.合作建构价值

合作被看成是现代社会的基本特征,“学会合作”被联合国教科文组织确定为未来学生的基本素质,也成为现代教育追求的重要目标,合作技能和素质能够促进学生在未来社会中更好的生存和发展。同时,合作不仅是学习的重要方式,也成为学习的重要目标或者说是教育的目标之一,合作学习既是对学生行为品质的培养,也是对学生合作观念的培养。组织好合作学习,就实现了目标与手段的统一,工具与价值的统一。当然,合作是信息的交换,并不意味着彼此的接受和赞同。合作学习不仅有利于学生的学习，而且有利于学生养成合作的技能技巧。同时，合作技能和技巧的培养只有在具体的合作活动中才能逐步形成。因此，合作有助于建构价值。

4.合作解决疑难

学生在学习过程中经常会遇到各种疑难问题，靠个人的方法与理解往往是解决不了的，或者说个人只能找到个人的方法，但是合作会使学生从别人的方法与思路中获得启迪，从而拓宽学生的视野，解决在学习中遇到的各种问题。解决了学习中的疑难问题，学生就会轻装前进，紧跟课程进度，实现"可持续"发展。同时，合作是对内容进行深入理解的必要途径，能够促进理解与记忆，提高学习效率。在合作作业、合作讨论中还能培养学生合作的习惯，为解决以后遇到的新问题，完成学习的新任务打下良好的基础。

5.合作促进发展

学习的一个重要目标是实现学生的发展，但传统的教学是学生对秩序的机械顺应，常常使师生的学习方式定型化，而学会"合作"，学会"合作学习"，能够激发学生的学习兴趣，促进学生发展。合作学习本身就是一种发展，是学生学习方式方法的改进，能够为学生的学习提供新途径。在合作中，学生由不会合作到学会合作，由独立学习到与他人分享，由接受性的知识记忆转变为对信息的选择、判断与评价，也学会了宽容与忍耐，提高了社会适应能力和处理人际关系的能力，从总体上推动了学生学习能力和个性的发展。通过交流与分享，学习别人的成就和智慧，提高了学生的知识技能水平，最终促进了学生综合素质的提升和发展。

（三）组织合作学习应处理好的几个关系

一是 合作与学习的关系①。在合作学习中，合作是学习的一个重要前提和条件，如果没有合作就没有了合作学习；而学习是合作的结果，是合作追求的目标和目的，合作是为了更好的学习，是学习的重要条件。另一方面，合作是目的，学习是手段，通过学习，学会合作，实现学生学习能力和合作能力的提高。要处理好合作与学习的关系，就不能只有合作而

① 陈多仁，段兆兵. 论"合作学习"的组织[J]. 教育科学论坛，2007(5)：27-28.

没有学习，也不能只有个人学习而没有相互合作。合作学习应该做到既有合作，又有学习，在合作中学习，在学习中学会合作。

二是合作学习与独立学习的关系。独立学习是学习的基本方式，也是现代教育的重要价值取向。或者说，学会学习实际上就是让学生学会独立学习。而合作学习则是要选择有利于产生争论的、有价值的，而且是单个人难以完成的学习内容，在组织学生参与讨论之前，给学生留下独立的学习时间，等学生有了自己的想法后再参与讨论交流、共同解决问题，通过合作解决个人无法解决的问题和疑难，否则无法修正自己的观点[①]。因此，合作学习既要强调合作，又要注意独立学习作用的发挥，通过学生在合作中的互相启发最后解决问题。

三是发展优生与扶持学困生的关系。合作学习的目的是改变学习方式，使所有的学生都能有一个合作的机会。小组合作学习方式要求学生有一定的学习基础与个性品质，目的是要让人人参与学习过程，人人尝试成功的喜悦。但如果处理不好优生与学困生的关系，非但达不到目的，相反会加剧两极分化[②]。要通过合作学习，给不爱动脑筋思考或学习有一定困难的学生提供参与的机会，以培养学生独立思考的好习惯，达到合作学习的最佳效果。因此，在组织合作学习的过程中，要将学习困难学生与学习优秀学生适当搭配，建立合理的互助性的合作小组，在合作中促进学生的共同发展。

四是学生合作与教师指导的关系。学生之间的合作不能简单地代替教师的指导与帮助，在教学过程中，教师的指导在任何时候都是必要的。教师的指导不仅限于知识的理解与传授，而且与方法的习得和合作的进行有直接的关系。合作学习的关键是发挥学生之间的相互作用，通过学生的相互支持与协作，发挥学生的智慧。但学生的智慧不能代替教师的智慧，学生之间的合作不能削弱教师的作用。因此，教师要及时发现合作学习中的问题，不失时机地对学生的学习给予必要的指导和帮助，把学生的合作看成是基础，把教师的指导看成是灵魂，使学生之间的合作是有教师指导的合作，教师的指导是建立在学生合作基础上的指导。

---

① 余文森. 论自主、合作、探究学习[J]. 教育研究，2004(11)：27-31.

② 饶玲. 试论“小组合作学习”的有效教学策略[J]. 江西教育科研，2004(8)：37-39.

五是小组合作与集体教学的关系。合作学习中的合作既可以是部分学生之间的合作,也可以是许多人的合作。而要进行有效的合作,就必须要建立合作组织,也就是合作共同体。在课堂里的合作往往是由小组组成的,是一种小组合作学习,但小组合作不能影响和干扰集体学习,如果以小组学习简单地代替集体教学,就走向了合作学习的反面,违背了合作学习的精神;也不能机械地认为合作学习是辅助性的,而集体教学是占主导地位的,而是要根据具体的教学目标,合理地组织合作学习。同时要处理好合作与竞争的关系,尽可能使学生个体之间存在更好的合作,而在小组之间展开良性竞争,发挥个人与集体两个积极性。

(四)组织合作学习的步骤

组织合作学习,首先要激发学生兴趣,使学生想合作;其次,要加强指导,包括合作技巧的指导和解决学习困难的指导,使学生会合作;第三,要帮助学生体验成功,使他们乐于合作。要建立融洽的师生关系和生生关系,鼓励学生参与到教学活动之中,特别要重视小组学习;还要注意改变学生座位排列方式,正确进行分组,采用多种形式的合作教学方式。

第一步,选择合作伙伴。选择合作伙伴实际上是建立起合作学习的结构和组织,为合作的进行提供组织前提。学生的家庭背景、兴趣、居住环境、社会化过程等是影响学生选择学习伙伴的重要因素。在不同学科的合作学习中,合作的伙伴应该是不同的,既可以是强强联合,也可以是好学生与学习有困难学生的组合,也可以是同桌、邻桌同学组成的小组。从效率与空间结构而言,同桌同学间的合作是最方便的。教师要认真分析,合理搭配,建立真正能够发挥最佳合作效果的合作组织结构。

第二步,决定合作方式。合作学习方式主要有同伴之间的互助合作学习(主要是课堂中的同桌之间的合作学习、课余时间好朋友之间的合作学习),小组合作学习(如课堂中的小组讨论学习、研究性小组学习、兴趣小组学习等),教学活动过程中全员性的合作学习(又称合作教学,如班级授课过程中的讨论学习、角色扮演活动等)[①]。究竟应该采用

① 王鉴. 合作学习的形式、实质与问题反思——关于合作学习的课堂之研究[J]. 课程·教材·教法,2004(8):30-36.

哪一种方法，是组织合作学习前教师必须考虑并做出决定的。应根据学习任务、学生构成、学科特征等确定合作方式，建立具有操作性质的合作学习机制，保证合作学习的有效运行。也要注意合作学习方式与其他学习方式的结合。

第三步，明确合作目标。要使合作学习正常进行并取得预期效果，就必须明确合作学习的目标。可以根据教学内容、学生的兴趣、教学的总体目标明确合作学习目标，既可以由教师直接进行说明，或用书面材料加以说明，也可以由学生自己确立目标，由教师进行审核。确立合作学习目标，就是要确定合作学习要合作学习什么，达到什么程度和水平，何时完成任务等。

第四步，创设合作情境。合作的情景多种多样，也需要进行创造，一般来说，有竞争性情境、合作性情境两种。教师可以根据学科、学生、教室等创造合作学习的情景。既可以是竞争性的合作情景，可以是不同学习小组之间的竞争，可以是学习速度的竞争，还可以是创造力方面的竞争，例如让学生找到多种解题方法，就是一种具有发散性思维特征的合作学习情境，也可以是不同小组之间合作性质的情境，使全班处于一种共同的学习氛围中，增强合作学习的兴趣，促进所有学生的发展。

第五步，提供合作咨询。教师建立并组织了合作学习，但并不是说教师就无事可做了，而是要不断地对学生的合作学习进行必要的指导。这种指导是一种过程性指导，教师要注意及时发现合作中的问题，帮助合作小组及时解决存在的问题，教师要善于观察、掌握学习动态，特别要对合作不协调的小组或合作有困难的小组给予及时的帮助和引导，使每个小组都能在学习中有所收获，按时完成合作学习任务。

第六步，引导合作进程。教师要及时控制合作的进程，根据教学计划完成教学任务，不能由于个别小组的问题而影响整个教学进程，否则，就会直接影响教学质量的提高。教师要及时发现各组合作任务完成的情况，给提前完成合作学习任务的小组及时安排新的学习任务，对完成任务缓慢的小组给予督促和必要帮助，使每个小组都能有基本一致的进程。这就要求教师在建立合作小组的时候不能由学生自己“优化组合”，而是要根据学生的学习情况合理安排，优等学生与学困生合理搭配，保证教学质量的提高和合作学习的成效。

第七步,评估合作效果。评估合作学习的效果要注意个人表现与集体表现相结合,学术表现与合作技巧相结合。注意区别有效合作与低效、无效合作,真合作与假合作,及时评价。评估也是一种总结,是教师与学生共同交流学习成果的过程,是更大范围上的合作。因此,教师评估合作效果,可以由各组选派代表进行,也可以由一个小组进行总结,由其他小组补充。评估也不是追求唯一"正确"的答案,而是更进一步的合作。评估可以由教师进行,也可以由学生个人或小组选派的代表进行;既可以是书面文字形式的,也可以是口头形式的;既可以现场评价,也可以课后评价。

七、当代教学组织形式的发展趋势

教学组织形式由个别教学到集体教学,再发展到个别教学与集体教学相结合的多种教学组织形式,并呈现多样化、综合化和个别化的趋势。

1.教学组织形式的多样化

教学组织形式从个别教学发展到班级教学,直至多样化的教学组织形式,这种演变过程并不是完全的后者取代前者。事实上,在同一时期不同教学组织形式是并存的。因此,从历史的角度看,教学组织形式的变革就是多种形式的合理并存、共同发展;从现实的角度看,由于不同国家的教育发展水平存在巨大差异,学校教学就必然要运用适合自己教育发展程度的教学组织形式,这样,多样化教学组织形式的存在就有其合理性。所以,未来教学组织形式会呈现多元化状态,班级教学、小组教学和个别教学等形式均有其适用的范围和存在的条件。

2.教学组织形式的综合化

每一种教学组织形式都有其优点和局限,都有其特定的目标指向和适用范围,不存在能够适合一切教学需要的万能的组织形式。于是,优化组合不同的教学组织形式,综合运用具有互补性的教学组织形式,成为当前教学组织形式发展的重要趋势。如学校教学可以将班级教学、小组教学和个别教学这三种形式结合在一起协同运用,同时又保持某种教学形式在某个阶段的主导地位。

3.教学组织形式的个别化

人们对教学组织个别化形式的新探索是基于对班级授课制弊端的批判，以及着眼于学生集体中人际互动的人际关系教学流派的出现。这种复兴于20世纪初的个别化教学不同于原始形态下手工作坊式的个别教学，而是指建立在普及教育基础上，吸收班级教学合理因素，从学生的个体需要出发设计教学过程，通过调整教学进程，适应学生个别差异，增进学生个性发展的教学形式。教学组织个别化体现了个别化与人际互动相结合的趋势。如果将完全的个别化作为教学组织的一个极端，而完全的集体性作为另一个极端，那么未来的教学组织则存在于这两端之间。教学组织形式的发展应该根据学习目标、内容和学生的需要，以及学习环境提供的可能性，采取个别化与人际互动组合的各种方式，促进学生个性的主动发展。

第六章　一节好课要有完备的教学环境

人类的活动是在一定的环境里进行的,教学作为人类的重要活动方式,也是在一定的环境里进行的。随着生产力的飞速发展,教学的物质环境在不断改善。随着科学技术的不断进步,尤其是现代教育技术在教学中的广泛应用,教学的环境也变得更加复杂,人们对良好教学环境的期待也在持续增长,教学环境对教学活动效果的作用也更加突出。要进行有效的教学活动,就必须创设合理的教学环境。只有对教学环境及其特征有一个较为准确、清晰的认识,才能够创设良好的教学环境,进而促进教学质量和效益的提高。在这种情况下,如何理解环境,如何理解教学环境,教学环境具有什么特点,怎样认识教学环境在提高教学效果中的作用,如何创造和优化教学环境,就成为上好一节课必须考虑的问题。

一、教学环境及其分类

很早的时候,人们把提高教学质量的希望寄托在教学物质条件的改善上,改善物质条件成为有效教学的基本出发点。教学的目的是知识的传授,学生在固定的时间内掌握的知识越多,教学的效果就越好。在古代,人们重视固定的教学场所,无论是中国的庠、序、校,还是西方的教会学校、宫廷学校,都是固定的教学场所。在当代社会,世界各国都把改善教学条件作为提高教学质量的先决条件。在我国基础教育课程改革的过程中,许多好的课程没有开设,许多应该运用的教学方法没有得到运用,人们把原因归结为教学条件,特别是物质条件、现代化教学条件不足上。但是,究竟什么是教学环境呢?

要探讨教学环境,首先要对环境有一个基本的认识。所谓环境指的是人们生活的一切外部条件的综合,既包括人在社会生活中的条件和社会关系的总和,也包括人们生活的自然条件的总和。

人的环境与一般生物的环境有着本质的差异。一般生物的环境是由纯粹的自然存在物构成的,是人与自然生物共同拥有的,也是人与自然生物生存的基础。但是,真正对人的存在和发展产生巨大影响的是社会环境。“社会环境是人类社会所特有的环境,它由人生活于其中的各种社会条件、社会关系、社会意识形态以及经过人改造的自然等因素构成。”[①]社会环境决定着人的社会化程度,决定着人身心发展的内容、方向和水平。

教学环境是环境的一种特殊形式,是学校教学活动所必需的各种客观条件的综合,是一种由特殊的要素构成的空间。要理解教学空间,首先要对空间进行深入分析。按照词源学的观点,“空间”是一个复合词,是由“空”和“间”两个字复合而成的。“空”是虚无而能容纳的意思,是来自四面八方的空旷、虚无,“间”即“空隙”的意思。“空”是空间的特征,而“间”是空间的限度。正是由于“间”的切割与限定使本义为虚空、无形的“空”有形,变成了人们可理解、可感知的“空间”;也正是由于“空”的“空旷”及能被切割与限定,使“间”有了无限可能性。空间是运动着的物质的广延性和伸展性,指的是人类及宇宙间一切运动着的物质都有一定的体积、位置、形状以及排列次序和运动规模。“空间的特点具有三维性,即长、宽、高。”[②]但这种构成只是把空间看成与事物的存在、时间的流逝没有必然联系的静止的空间,势必难以反映空间的特征。如果再加上时间这一维度,就形成了四维的结构。时间与空间二者共同构成了影响实践行为的“情境”或“场”——“一种任意的和人为的社会构成,一种漫长和缓慢的自主化过程的产物,一个一旦进入就让人无法自主的‘魔法圈子’。”[③]如果时间给予了实践行为以某种程度的“紧张感”或“紧迫感”的话,空间则给予了实践行为以某种程度的“可区分性”或“方向性”。

依据空间的特征和教学的特殊性,教学空间的含义应包括以下几方面:一是指教学活动得以开展的特殊的物质空间,包括开展日常教学活动

① 李秉德,李定仁.教学论[M].北京:人民教育出版社,1990:293.
② 孙孔懿.教育时间学[M].南京:江苏教育出版社,1994:37.
③ [法]皮埃尔·布迪尔.实践感[M].蒋梓骅,译.南京:译林出版社,2003:102.

的教室，也包括实验和社会实践活动等所依托的实验室及各种场所等；二是指实现教学目标的各种教学活动和事件，即社会空间；三是指教学活动的两个主体——教师与学生在交往过程中所构成的特殊的心理空间。

从教学空间是开展教学活动所需要的物理空间来看，教学空间实际上是教师与学生的身体被安置的空间，是教师与学生共同参与活动的教学环境。教学空间的基本形态——教室这一物理空间与其中的桌椅、讲台、黑板等物质，共同构成了教学活动的物理环境。但如果没有师生的参与，单纯的空荡荡的教室本身并非教学空间。当然不同的学科、不同类型的教学活动可以在不同的空间里进行，开展体育教学活动的操场、进行社会实践教学的各种社会机构、学生进行教学实验的实验室等都是教学活动的空间。可见，教学的空间是具体的，构成教学空间的各种要素与设施不同，教学空间就会不同。

从教学空间是实现教学目标的活动和教学事件来看，教学空间实际上是一种社会空间，是教学实践过程中多种社会身份及其关系的结构，围绕文化传承而构成。当教学活动的主体积极参与到教学活动中之后，原来没有任何意义的空间就变成了教学活动的空间。教学活动是教学空间的内容，如果没有教学活动发生，物理空间及其物质就成为闲置之物，就不具有教学空间的本质特征。正是由于教学活动的存在才使本不具有教学意义的空间成为教学空间。因此，教学空间必然是包括教学活动和事件的空间。空间不仅构成教学实践的“舞台”，而且也直接影响到行为人的实践意图与行为，不了解实践行为对于特定空间的依赖性，就不能真正地理解实践行为。在教学中，性别的差异、种族的不同、阶层的分化、信仰的多样性构成了客观的社会空间[①]。教学组织形式是教学空间的基本形态，自从产生了教学活动，教学的组织方式就在不断发生着变化，从师徒二人构成的个别教学组织所需要的狭小空间，到小组教学所运用的比较大的空间，发展到近代以来的班级授课形式下的更大的活动空间，进而发展到利用网络进行教学的无限广阔的赛博空间。

在当代，随着合作学习、探究学习方式的出现，教学空间在不断调整，教学组织方式也出现了形态各异的变化，并成为教学改革的重要内容。

① 石中英. 论教学实践的逻辑[J]. 教育研究，2006(1)：6-7.

从开放课堂到活动课时制，从教学建筑到网络空间(赛博空间)[1]，教学空间的构成形式不断多样化。但是，任何一种教学空间都包含着主体的价值、地位、经验、情绪等社会因素。

从教学空间是教学主体与其他教学要素共同构成的交往空间来看，教学空间是指实践过程中各方在态度、情感和价值观等方面相互信任与相互理解的空间，可见，教学空间是心理空间。从教学本质来讲，教学越来越被看成是一种特殊的交往活动，因此，教学空间就成为教学主体与教学目标、内容、方法、手段等要素共同构成的师生的交往方式。包含在这种外在的活动方式之中的更多的是教师与学生之间心灵的沟通、对话与合作，也就是交往。这种心理氛围和环境是学习和教学发生的基本条件。按照现代教学理论的观点，如果教学是师生以课堂为主渠道的交往活动，那么教学空间就成为教师与学生两个主体的特殊的交往空间，在此空间里，教学的中介要素把师生的心灵沟通在一起，共同为实现教学目标服务。可见，教学空间实际上包括身体空间、心理空间和社会空间。

二、教学空间环境的主要特征

教学空间是一种特殊的空间，具有明显的特征。具体来说，教学空间的特性主要表现为以下三个方面：

1.自然性与社会性

由于教学空间具有自然性和社会性，使教学空间既成为一种物质环境，也成为一种社会空间。作为社会空间，一方面教学空间是指活动和事件发生的特定环境，另一方面教学空间还是存在于这些活动和事件中的人所构成的心理气氛和关系。这两层含义实际上是人们对空间的两种认识方式所产生的两种认识结果。

自然性是说教学空间是“有实”的客观存在，是物质的。教学空间虽然是人们为了传授知识、形成技能创造的特殊的师生活动场所，但教学空间仍然包含了物理空间的自然特征[2]。例如，无论是进行课堂教学的教室，还是实验室、社会实践活动基地，尽管有范围的大小之分与构成要素

① 曾国屏，李正风，段伟文，等. 赛博空间的哲学探索[M]. 北京：清华大学出版社，2001：188.

② 段兆兵. 论教学空间及其创设[J]. 课程教学研究，2012(1)：26-29.

的多寡之别，但都具有长、宽、高的三维性特征。

社会性是说教学空间并不是纯自然的存在，教学空间是根据教学活动的需要而设计的，是一种可感知的环境，具有主观性和社会性。“如果把教学空间看成是教学环境，就必然包括特定的环境区域、特定的环境主体和环境内涵。”[①]教学空间结构中，全班教学、小组教学与个别教学所需要的空间形态的不同，主要的并不是空间自然性的不同，而是社会性的不同。

2.限定性与伸展性

空间的基本特征是广延性，这种特性使得教学空间表现出限定性和伸展性特征。

限定性特征是说教学空间总会受到各种因素的影响，并非是无限的。任何教学空间都具有物理特征，是有形的，人们可以直接感知，也可以用工具测量。例如，教学活动必然在具体的一座教学大楼、一间教室、一个实验室进行的，而教学大楼、教室和实验室等是相对固定的，在一个固定的教学时间段，校园和教室里的桌椅等的相对位置也是基本不变的。这是其物理限定性。

教学空间是一种包含着活动的“生动”空间，在要素构成上必须包括教师与学生这两个具有意识和能力的主体，这是主体限定性。教学空间必须有教学之所以展开的中介，即目标、内容、方法与手段等，这是教学中介与要素的限定性。教学是教师与学生之间的交往，因此教学空间是一种文化和社会空间，体现了教师与学生的感受、体验等，这是其心理限定性。教学空间的伸展性特征是说教学空间是可以变化的、调整的，也是可以进行设计和优化的，教师与学生可以根据资源状况组织灵活的教学活动方式，教学活动可以在不同的场合进行。第一，教学的物理空间本身具有伸展性，就是说，教学活动可以在教室里进行，也可以在教室外进行，可以是教师组织和带领全班学生学习，也可以是小组讨论或个别辅导。第二，教学要素也具有伸展性，教学目标可以根据教师、学生的知识基础和教学活动的状态灵活调整，教学内容可以增删，教学方法可以灵活选择和运用，教学组织形式可以进行调整，教学手段可以根据资源状态灵活选

① 田慧生. 教学环境论[M]. 南昌：江西教育出版社，1996：29.

用。第三，教学的容量具有伸展性。在同样的时间里，教学内容的密度可以很高，也可以较低，可以有师生思想的激烈交锋，也可以有轻松愉快的体验和陶冶。教学过程中师生交流的深度和广度，师生的心理距离等，并不是物理空间可以限制的。教师与学生之间的友谊、崇敬、爱的情感和师生之间的相互影响，有时并不会因直接教学活动的结束而结束，并不会因空间距离和时间的流逝而消退，而是可以长久保持。

3.稳定性与生成性

教学空间是由教师、学生、教学目标、内容、手段、方法和物质条件等要素共同组成的教学活动的场所，就其相对位置来说是稳定的。同时，教学的各种要素也是相对稳定的，离开了要素也就没有教学空间可言。教学空间有多种，例如教室是教学活动最基本的空间，它是校园空间的组成部分；校园是学生日常活动的重要空间，社区是学生参加各种社会实践活动的空间，当然只有蕴涵教学价值和功能的社会空间才能成为教学空间。因此，教学空间是有形的，相对稳定的。同时，应该看到，既然教学空间是人们建立的特殊空间，就必然包含着可以不断改造和不断优化的特性，因此，教学空间是不断生成的。在这个过程中，教学的要素会随着教学活动的进展而不断发生变化，从而体现生成的特征。教学空间的结构形式，即教学组织形式会发生变化，全班教学的空间结构可以转换为小组合作的模式，也可以转换为个别辅导模式，这都体现了教学空间生成性的特征。

三、教学环境的功能定位

"独学而无友，则孤陋而寡闻。"早在两千年前，人们已经认识到人际环境、人际交往对学习的影响。孟母三迁的故事生动地诠释了环境对人的影响。我国的相关教育政策也涉及学校周边环境的问题，例如在距离学校一定距离的空间里，不能建市场、网吧、娱乐场所等。可见，环境历来就是学校教育教学需要考虑的重要因素。建设良好的教学环境应该是搞好教学工作的重要前提。但是，要创设良好的教学环境，就必须要对教学环境的功能进行必要的分析。

所谓功能，是指事物本身的功效与能力，是一个系统所具有的对其他系统施加影响的一种属性。只有认识了教学环境的功能,才能发挥这些功能。一个良好、和谐、积极的教学环境在教学中具有什么功能呢?

(一)陶冶功能

教学环境的陶冶功能,指的是良好的教学环境可以陶冶学生的情操,净化学生的心灵,养成他们高尚的道德品质和行为习惯。

人的素质是认知性素质和情感性素质的共同体现。追求学生认知和情感素质的协调发展,是教学要体现的重要价值。如果把教学局限于单一的教材讲授,只注重学生认知因素的发展,忽视情感品质的培养,那么就难以促进学生德、智、体、美的协调发展。教师通过挖掘文化、自然资源、场所布局、特定氛围等情境性资源,以及榜样、楷模的人格魅力,对于学生良好情感品质形成的价值,创设一定的情境、渲染一定的气氛、设计形象生动的场景,就能够陶冶学生的情操,培养学生良好的个性品质,教师就可以淡化直接强加的影响,使学生在潜移默化中获得发展。

学生全面、和谐的情感品质的养成,简单的灌输教材内容、一味说教的教学模式难以取得理想的效果。充分调动家长参与学校教育教学的积极性,合理有效地开发利用学校内外的环境资源,采用情境—陶冶的模式,就可以巧妙地利用环境,培养学生良好的情感品质。例如,在课文《大海》的教学活动中,教师通过教室的布置、学生课前制作卡片、播放录像、诵读课外读物等,为学生创设、描绘出关于大海的情境,营造氛围,使学生在学习有关海洋知识的同时,认识、感受到大海的美,进而激发学生热爱大海、保护大海的情感品质。这些场景、情境的适当运用,使教材中有关大海抽象、干涩的描述变得形象、生动,学生在潜移默化中受到美的熏陶,良好的情感品质得以形成。

(二)益智功能

教学环境的益智功能,指的是良好的教学环境能有效地促进学生智力的发展,提高学生智力活动的效率。

在整齐清洁、优雅宁静的教学环境中,每一个参与教学活动的主体都会感到心情舒畅、精神振奋,而在肮脏杂乱的场所、嘈杂恶劣的地方,使人倦怠厌烦，两种不同的环境对人的智力活动的影响是很不一样的。环境心理学的研究结果证实，环境因素与用脑效率有很大关系。在用脑时，需要有适当的光线强度。光线过强会给脑细胞以劣性刺激，使人感到烦躁甚至脑晕，影响思维判断能力；光线太弱则不能引起大脑足够的兴奋强度。现代犯罪心理学还提出，用环境改变来审判犯人，可以取得正常环境下难以取得的证据和结果。在教学活动中，环境中的光线、声音、颜色、空气等都可能影响教学者与学习者的活动效率。为此，创设良好的教学环境，使教学在良好的环境中进行，对于发展学生智力，增强学生思维能力都是必不可少的。

良好的教学环境还可以激发学生积极的情感。现代心理学研究和教学实践证明，情绪对智力活动的影响是明显的。愉快的情绪有利于智力活动，当人情绪愉快时，往往思维灵活、记忆迅速，头脑显得特别清醒；沮丧、愤怒的情绪不利于智力活动，当人情绪低落时，会出现思维迟钝、记忆困难、头脑浑沌、注意力不集中等问题。良好的环境还会影响教师的心理状态，而教师良好的心理状态能够感染学生，促进学生的学习。

（三）健体功能

教学环境的健体功能，指的是良好的教学环境能有效地促进学生身体的正常发育，提高他们的身体素质和健康水平。

教学环境对学生身体健康的影响是十分明显的。良好的教学环境能有效地提高学生的健康水平，而不良的教学环境则会导致学生身体素质的下降，如近视眼增多、脊柱弯曲大量出现等。教学环境对学生身体健康的影响表现在几个方面。首先，良好的教学环境有助于培养学生良好的姿势习惯。如课桌椅应该有足够的面积，适合学生的身材[①]，给学生提供维持良好姿势的客观条件，就能保护视力，防止产生疲劳，促进学生生长发育。学生使用的桌椅的距离和高度要适合学生的身材，尤其是中学里制备工作台、实验台等都要安全、舒适、科学、合理。学校的环境要有利于学生生活和学习，学校建筑要经常除尘保洁，建立卫生管理制度，及时清理污物，防止空气污染、噪声污染。学生在良好的环境里学习，不仅有利

① 李林静. 学校卫生学[M]. 重庆：西南师范大学出版社，1997：195.

于智力发育,还有助于身体发育。

(四)美育功能

教学环境的美育功能,指的是良好的教学环境有利于激发学生的美感,进而培养学生正确的审美观和高尚的审美情趣,丰富学生的审美想象,提高学生感受美、鉴赏美、创造美的能力。

审美是人的一种高级心理活动,人与环境之间有着直接的审美联系。良好的环境中,处处都蕴藏着丰富的审美内涵,校园中的自然美,教室里的装饰美,教学中的创造美,师生的仪表美、情感美、语言美等,都对学生正确审美观的形成产生着重要影响。

从教学活动来看,学生在教学活动中不断感受知识的理性之美,师生交往的情感之美,智慧碰撞中的思维之美,技能训练中的操作之美,在设计、作业、听讲中的创造之美。教学活动中,生动活泼的教学气氛,紧凑协调的课堂节奏,教师精湛的教学技巧,高昂的教学热情,简洁幽默的语言,端庄大方的仪表,以及师生在共同的创造性活动中达成的和谐与默契,会在无形中形成一种课堂教学所特有的美的氛围,将学生带入美的境界,使之得到美的享受,增强审美能力,净化审美情趣①。从校园环境来说,校园建筑的线条、校园音乐的节奏与旋律、校园绿化带的花草树木会对学生产生巨大的影响,学生在这样的环境里体验、感受、欣赏,美的素养会在潜移默化中自然而然地形成。

四、教学空间环境的创设

1.新型教学空间观念的确立——突破教室的围墙

教室是教学空间的基本形式,教学活动主要在课堂进行。但如果把教学空间只看成教室,就必然会忽视校外社会活动、实验教学、现场教学等的作用。把教学活动仅仅局限在教室,局限在校内,限制着人们对校外社会资源的开发与利用,制约着社会实践等其他教学活动的作用的发挥。所以,应树立"广义教学"的观念,把教学活动从仅仅局限于课堂和校内扩展到对学生的成长和发展产生作用的所有方面。这样就极大地拓展

① 李秉德,李定仁. 教学论[M]. 北京:人民教育出版社,1990:310.

了教学活动的空间范围，使教学活动形式更加丰富和多样化，也使教学可以利用的资源更加多样化。把教学活动空间从教室扩展到整个学生的生活，把学生与教师、同学、他人的交流都看成是教学活动，就是一种广义教学的观念。广义教学观的确立有助于教学世界与学生生活世界的紧密结合，实现科学与人文的结合，实现教学与当代社会生活及科技发展的结合，扩大教学活动的领域。从“狭义教学”（课堂教学）走向“广义教学”，也能不断开拓教师与学生的心理空间和交往空间，使教学在更广阔的空间进行，这是营造广义教学空间的前提。

2.教学空间结构的优化——教学组织方式的重组与改造

要营造教学空间，也要不断重组和改造教学空间的物理构成，不断优化教学空间结构。教学空间组织结构的优化应从两方面着手：

一是自然空间结构的优化，应加强教室、实验室等活动场所的标准化、规范化、结构化建设。标准化主要是按照教学的需要和特点科学设计教学空间，使之符合标准，同时要引进现代教学技术，实现网络空间、赛博空间与传统教学空间的融合，实现不同教学空间功能的互补；规范化是根据国家对教学标准的要求，使不同类型学校教学空间的物理布局达到基本要求，符合国家规定的标准；结构化是说，教学空间要满足教学的要求，成为进行高效教学的重要场所，使社会、学校与教室都能发挥自己独特的功能，形成社会教育、校园文化和课堂教学的有机统一。

二是社会空间的优化，主要是指文化空间、交往空间、心理空间的塑造。通过文化空间的塑造，广泛开发和利用各种社会文化资源，实现对人的教化；通过社会空间的塑造，帮助学生深入社会生活，增长他们的社会生活和实践知识，促进学生的社会化；通过交往空间的塑造，缩小师生之间、生生之间交流的心理距离，提高教学效果，最终实现学生的全面发展。

3.教学空间环境的开拓——教学资源的多层次开发与利用

拓展教学空间可以从三个层次着手：

首先，开拓全球化、国际化的教学空间。随着经济的全球化、一体化，世界各国之间教学文化的交流必将日益频繁和深入，任何一个国家都不可能无视别国教学发展的动向，在固步自封中取得教学的发展与改革的成功，只有放眼世界，密切关注世界其他国家教学的发展动向，及时借鉴和吸收别国教学研究的新成果，才可能取得自身教学的发展和教学改革的成功。这样，教学空间就从一个国家延伸到全球。因此，要注意借鉴和吸收世界各国不同的文化遗产，开发全球教学资源，实现教学资源的国际化。

其次，开拓教学的区域化空间，建立具有地方特色、学校特色的教学文化。应加强校本课程的开发和对当地教学资源的开发与利用，发挥地方性知识在教学中的独特功能。

最后，防止教学活动中存在的边缘化问题。边缘化反映了教学要素的位置关系，即空间关系。教学活动中的边缘化包括地区边缘化、学校边缘化、学生边缘化等。因此，要加强对边远地区、少数民族地区教育发展的关注，加强薄弱学校和农村学校的建设，尽可能防止在班级教学中存在的歧视差生、部分学生边缘化的问题，促进教育公平，实现公正教学。

4.教学空间形式的多样化——教学活动内容与方式的丰富与扩充

教学空间不仅是物理空间，更是活动空间、交往空间、心理空间和社会空间；不仅是教室、校园，更是个人的动机、需要、主动性和积极性，还包括家庭、宿舍、社会和网络等；不仅强调教学组织形式、教学模式，也强调教学环境与教学目标、内容等要素的组合；不仅强调传统教学空间，也强调网络空间、虚拟空间。从教学空间的结构来看，一方面，要促进教学空间形式的多样化，不仅要继续发挥班级集体教学组织的作用，也要发挥小组合作学习、个别辅导与学生独立自主学习等新的教学组织形式的作用，实现不同组织形式的优势互补，尊重不同学习方式的价值与功能，促进课堂文化、课堂结构、师生关系、师生角色，以及教学空间结构和组合方式的多样化。另一方面，要根据时代的变化和教学的发展，不断创造新的教学组织形式和空间结构，对教学要素进行新的排列组合，发挥每一种教学方式的长处和特殊功能，让每一种教学模式都找到自己的位置，不断丰富教学空间的内涵。同时，要开发校本课程，不断开发拓展类课程，确保不同类型的课程在学校都具有生存空间。只有这样，教学空间的范围才能真正得到拓展。

5.教学空间与教育技术的结合——教学空间环境的现代化改造

加强师生交流与互动，使教学的过程成为学生发展的过程，不仅成为知识传授、能力形成的过程，还成为师生交往、学生社会性素养形成的过程，真正体现现代教学的特征。现代教学要实现这些目标，改造教学环境是其中的重要途径，而改造环境离不开现代教育技术手段。加强现代教育技术设施的完善和开发，不断丰富教学空间的内涵，特别是要通过网络技术的虚拟化等扩展教学空间。网络资源的无限复制本身就是空间的无限拓展。在现代社会，只有不断开拓新的教学空间，才能使教学活动体现现代特征，实现教学的现代化。也应注意个人空间的营造，开发学生个人学习、创造、想象的空间，为学生发展提供无限的可能性。要强化教师与学生内在思维空间的创造，加强思维训练，提高学生自我体悟的能力，适度平衡信息空间，缩小师生情感空间，艺术地缩短时间的距离。

第七章　一节好课要有好的教师

上好一节课是好教师的一项基本修炼。正如人们对于什么样的课就是好课有不同看法一样，怎么样的教师是好的教师，历来人们有不同的看法，在不同的国家也有不同的看法。但在现代社会，无论哪个国家，人们对于好教师的期待和看法又十分相似。因此，有必要对什么样的教师就是好教师、现代教师应该具备哪些素养进行分析。

一、部分国家对好教师的看法

(一)保罗伟地的研究

美国的保罗伟地博士曾以"心目中喜欢什么样的教师"为主题，收集了9万名学生所写的信，概括出学生眼中"理想教师"应该具有的12种素质：

(1)友善的态度。"她的课堂有如一个大家庭，我再也不怕上学了。"

(2)尊重课堂内的每一个人。"她不会把你在他人面前像猴子般戏弄。"

(3)耐心。"她决不会放弃，直到你能做到为止。"

(4)兴趣广泛。"她带给我们课堂以外的观点，并帮助我们把所学到的知识用于生活。"

(5)良好的仪表。"她的语调和笑容使你心情舒畅。"

(6)公正。"她会给予你应该得到的，没有丝毫的偏差。"

(7)幽默感。"每天她会带来少许欢乐，使课堂不致单调。"

(8)良好的品行。"我相信她跟其他人一样会发脾气，不过我从未见过。"

(9)对个人的关注。“她会帮助我去认识自己。”

(10)伸缩性。“当她发现自己有错时,她会说出来,并会尝试其他方法。”

(11)宽容。“她装作不知道我的无知,将来也是这样。”

(12)有方法。“忽然间,我能顺利地念完我的课本,我竟然没有发觉这是因为她的指导。”

(二)美国“全国专业教学标准委员会”的教师质量标准

美国“全国专业教学标准委员会”的任务是“制定优秀教师专业标准”。这些标准是教师应当了解的,也是能够做到的。好教师的标准表现为五个方面或领域的能力:

1.对学生及其学习承担责任

(1)相信所有的学生都能够学习。

(2)公平地对待学生,识别个体差异,并在他们的实践中正确处理这些差异。

(3)根据对学生的观察和了解,调整他们的实践。

(4)理解学生是如何发展和学习的。

(5)促进学生对学习的重视。

(6)形成学生的自尊,发展他们的品格,养成尊重他人的品质。

2.了解他们要传授的科目,并且知道如何把这些科目传授给学生

(1)理解他们的学科是如何与其他学科相联系的。

(2)形成学生的批判和分析的思维技能。

(3)理解学生对一门科目领域的先入之见。

(4)使用多种策略传达一种概念。

(5)教学生如何提出和解决他们自己的问题。

3.对管理和监控学生学习负责

(1)营造让学生参与的环境并有效地利用时间。

(2)让其他人(学生和同事)参与来协助他们。

(3)知道低效而有害的教学实践。

(4)制定社会互动的规范。

(5)评估学生个体和班级集体的成长。

(6)能够向家长解释学生的成绩。

4.系统地思考他们的实践并从经验中学习

(1)举例说明他们能够鼓舞学生的品德。

(2)既根据研究,也根据他们的经验做出决定。

(3)成为终身学习者。

(4)批判性地思考他们自己的实践并努力运用新理论。

5.是学习共同体的成员

(1)与其他人合作发展教学策略、课程研制、人员开发。

(2)评价学校的进步和学校资源的分配是否与州和地方教育目标相符。

(3)了解为学习提供的专门的学校和社区资源,并充分利用这些资源。

(4)与家长合作,并让他们参与。

(三)国外对好教师的一般要求

从美国、英国、法国、日本、韩国等国家的研究报告和改革措施来看,普遍认为21世纪的教师应具备下列素质[①]。

1.较高的学历水平

韩国认为,21世纪的教师无论在其训练背景、素质还是专门性等方面,与20世纪的情景、情形都不同。韩国今后将通过继续教育,使许多中小学教师获得硕士和博士学位。

美国有些州要求高中教师必须获得教育硕士学位,有的州则要求今后小学教师也须具有硕士学位。华盛顿州要求到1992年,中小学教师申请更新教师证书时,须同时具有双硕士学位,即除持有文学、理学或者人文科学硕士证书外,还须获得教育硕士学位。

法国从1990年秋季开始,在综合大学里设立了两年制的“教师培训学院”,使培训后的小学教师达到普通大学“硕士”学位获得者的水平,中学教师达到普通大学“大学高级研究文凭”获得者的水平。

① 刘文华. 国外中小学教师素质研究述评[J]. 外国教育研究,1998(5):48-51.

日本早在70年代就成立了“教育研究生院大学”，计划通过这种形式逐步使中小学教师达到硕士水平。

2.广博精深的科学文化素质

教师的科学文化素质主要包括扎实的基础知识，精深的专业知识，广博的相关学科知识，基本的教育科学知识和美学知识等。科学文化素质的各项内容在新形势下已被赋予了新的含义。比如说，“基础知识”原来主要指“读、写、算”等各专业所必需的知识，而新科技的发展则使“基础知识”有了新的内容。美国发表的《为21世纪而教育美国人》的报告中明确指出，“21世纪的基础已不仅是读、写、算，还包括通信技术，高超的解决问题的技能，以及科学技术方面的素养……这些新基础是所有学生都必需的。”美国等国普遍要求中小学教师除了掌握一般的文化基础知识外，还要接受科学技术方面的基础知识教育。

英国规定，要成为中小学合格教师，“必须经过教育专业训练，取得教育证书和教育学士学位，只有持有这种证书的人，才有可能在中小学任教。无证书者，不论其专业水平如何，都不能当教师。”日本也要求所有中小学教师必须获取一定的教育科目学分，而且从教年级越低，对教育科目所占学分的比例要求越高。德国则规定，未受到高等师范教育的人一律不得被聘为中小学教师。

3.全面创新的能力素质

21世纪的中小学教师应具备哪些能力？美国认为，应着重培养未来教师探讨知识的能力、态度、风格和方法，而不是一味地传播知识。认为未来教师必须具备下列基本能力：具体感受的能力，思维观察的能力，抽象概括的能力，积极实践的能力。苏联学者彼得罗夫斯基提出教师必须具备六种能力：教学能力，创造能力，知学能力，表达能力，交际能力，组织能力。日本认为教师应具备五种能力：富有成效的教学和学习指导能力，对学生强有力的生活指导能力，理解和把握学生心理的能力，教育管理的能力，独立的自修能力。英国对教师能力的要求比较注重教师的应用技术能力和学习能力。

许多国家提出，21世纪的教师必须具有较强的掌握信息的能力和知识更新的能力，也就是说要具有“扩展能力”。所谓“扩展能力”是指非常灵活地适应科学技术和时代迅速变化的综合性能力，主要指信息处理能力（即吸取、更新知识的能力）和创新能力（即获得新知识、扩充新知识的能力）。

4.“全能型”和“完整型”的教师

进入21世纪后，作为教师如果仅仅是某一学科的教学专家，已不能适应社会需要，而必须是理论和实践、教学与生活结合起来的“全能型教师”和“完整型教师”。具体地说，“全能型教师”是指既会教学，又懂教育，也能进行科研的教师。至于什么是“完整型教师”，不同的国家有不同的看法。俄罗斯认为“完整型教师”是指完整的、和谐发展的、有学问有教养的全面发展的教师。日本对“完整型教师”的要求侧重于职业道德方面，认为“完整型教师”应把工作看成是生活不可缺少的，对教师事业应具有献身精神。美国认为“完整型教师”既是学者、教学者、交往者，又是决策者。尽管各国对“完整型教师’的理解有所不同，但要求教师在知识、能力、品德等方面全面发展则是共同的。

二、国内对好教师的看法

（一）对好教师的基本要求

在我国，人们认为，好的教师应该具有以下一些素质：

1.有较高的政治素养

能坚持四项基本原则，执行党的基本路线，树立共产主义世界观、人生观、价值观，忠诚人民教育事业。

2.有崇高的师德修养

（1）爱事业、爱岗位、爱学生，积极工作，无私奉献。

（2）能自觉地贯彻党的教育方针，遵循教育规律，面向全体学生，教书育人。

（3）能努力学习，不断更新观念。

（4）热爱学生，了解学生，尊重学生，建立民主平等的新型师生关系。

（5）热爱学校，关心集体，正确处理人际关系，团结合作。能与家长、社会密切合作，共同育人。

3.有较高的科学文化素养

教师有广博的知识，才能把课讲得“引人入胜”，才能唤起学生强烈的求知欲，才能开发学生的智力活动。

4.有较强的业务能力

（1）熟悉所教学科的全套教材，能掌握教材体系，理解教学要求，明确教学目的和重点、难点，有独立的备课能力。

（2）有创造性的教学能力。

（3）有过硬的教学基本功。

（4）掌握各种教学技能。

（5）具有科研能力。

（6）有组织班集体开展教育活动的能力。

5.有良好的身心和审美素质

（1）身体素质：有强健的体魄，具备体育运动技能，养成体育锻炼习惯、良好的生活习惯，能担负起繁重、艰巨的工作，按时完成任务。

（2）心理素质：有健康的心理，健全的人格，性格开朗，胸怀坦荡；勇于进取，勤奋向上；面对挫折，有较强的承受能力；情绪稳定，善于自我调节；正确处理人际关系，发扬合作精神，能够与同事协作，相容性比较高。

（3）审美修养：有高尚的审美情操，对文艺、体育有广泛的情趣，能在自然、社会和艺术的感受体验中认识美、鉴别美、追求美、创造美。

（二）教育改革给好教师提出的新要求

课程改革是教育改革的核心内容。在课程改革过程中，教师面临许多新情况、新问题。如何将课程理念落实在具体的教学实践中，如何用教学实践去验证课程标准的指导思想，都是现代教师面临的严峻挑战。新的教育形势也对教师提出了更高更全面的要求。

1.形成完备的适应新课程的教育理念

教育理念是教师在深入理解教育工作的基础上所形成的关于教育的基本观点和信念。有无职业理念是专业人员与非专业人员的重要区别。教师有明确的教育理念后，便可高度自觉地、富有责任感地进行自己从事的教育事业。

教师要具备尽快适应新课程的能力。首先,必须认真学习现代教育理论,特别是素质教育、创新教育和基础教育改革方面的理论,转变传统的教育思想和观念,了解新课程改革的诞生背景。例如,当今国际上几种活跃的教育思潮,如“以人为本”、“教育是一种唤醒”、“教育应关心人、尊重人、发展人”等观点已被认同。这是学习社会化与终身学习的思潮,这些教育观念拓展了学习的时间和空间,强调了学习态度、情感及学习方法的重要性。所以,作为一名教师对这些理念应有所了解。具体到课程实施时,新课程特别推崇两种理论,一种是多元智力理论,还有一种是建构主义理论。我们的教师对这些理论应该理解,并能够辨别真伪,批判地借鉴和吸收。

其次,教师要会调整自己的角色,改变传统的教育方式。教师要由传统意义的知识传授者和学生管理者转变为学生发展的促进者和帮助者,由简单的教书匠转变为实践的研究者和研究的实践者,由教学活动的主角转变为学生学习的指导者和配合者。在教育方法上,也要体现出以人为本,以学生为中心,让学生真正成为学习的主人而不是知识的奴隶。在课堂教学中,教师应帮助学生反思自我,唤起学生成长的渴望,帮助学生寻找、搜集和利用学习资源,设计恰当的学习活动,帮助学生发现他们所学的实际意义,营造和维持学习过程中积极的心理氛围,帮助学生对学习过程和结果进行评价,并促进评价的内化。教师要善于捕捉和激发学生思想的火花和学习的灵感,发现和挖掘学生发展的潜能。

2.具备创造性使用教材的能力

教师专业知识结构具有复合型,表现在具有比较宽广的科学和人文素养,以及当代重要的工具性学科的知识和技能,教师的专业知识具有一定的开放性和实践性。教师要认识教育对象,并具有开展教育活动和研究所需要的教育学科的知识和技能,教师对其把握不能只停留在学科水平上,还要学会综合运用。创造性使用教材是一名新型教师应具备的基本素质。很多优秀教师的教学经验证明,只有创造性地使用教材,才可能实现教学内容和教学方法与手段的完美统一;才能使教材的普遍性同本地区教学实践的特殊性实现有机结合;才能最大限度地满足学生对学习内容、教学方法的需求,充分调动教学双方的积极性,提高教学效率。

如何创造性地使用新教材，人们提出了可供参考的具体要求：①要求教师进一步树立课程意识，以新的课程观（学生观、教材观、课程资源观）来重新审视、规划教学目标、内容和方法，以更高、更宽的眼光来设计教学、看待学生，而不仅仅局限于教材和一时的教学效果。②教师在创造性使用教材中应充分认识教学目标的重要性。每节课、每次活动都应有明确的教学目标，否则容易形式化——为活动而活动，为体验而体验，为了创造性地使用教材而轻率、刻意地去更改教材内容，等等。教学手段与教学目标和谐一致的原则，是创造性使用教材的基本着眼点与归宿。

教育是充满智慧的创造性工作，而非仅仅按照既定的程序操作的简单机械运动，教师专业智慧是教师个体素养综合运用的产物，也是教育教学经验积累升华的结晶。教师只有具备教育智慧，才能感受教育工作对人的挑战，在战胜挑战中实现智慧的超越，进而享受教育工作的魅力。

3.具备掌握现代信息技术的能力

当代社会，科学技术日新月异。计算机和信息科学技术智能化、信息网络全球化、国民经济信息化的时代已经到来，将信息技术作为现代教学手段势在必行。21世纪，“文盲的概念将发生根本的变化，不会使用计算机等先进工具或不会检索、处理和利用信息资源的人将成为‘信息时代’的新文盲特征”，现代信息技术已走入校园为现代教育服务。因此，教师必须迅速适应科学发展的形势，学习、掌握一定的现代教育技术手段，“一本书、一张嘴、一支粉笔、一堂课”已不适应现代教育的要求。

4.具备科研能力

为了培养出高素质的人才，广大教师要善于把自己的育人经验，通过系统总结上升为理性认识。这是教书育人活动所必需的，也是教育者素质的标志之一。具备一定的科研能力，一方面教育者对自己任教的专业学科的历史、现状应有较全面的了解，要学习研究本国、本省、本地区的教育历史，了解当地教育发展的历程，还要掌握国内外教育科研动态及发展趋势；另一方面，积极钻研教育科学及关联的科学知识，如教育学、教育社会学、教育心理学等，通过理论指导教育教学实践，找出规律性的育人方法，掌握人的成长发展规律。

苏霍姆林斯基说过：“如果你想让教师的劳动能够给教师带来乐趣，

使天天上课不至于变成一种单调乏味的义务，那你就应当引导每一位教师走上从事研究这条幸福的道路上来。”教育科研能力是教师所必备的能力。现代教师要从经验型转向科研型，要成为新的教育思想、教育理论、教育内容、教育方法的实践者和研究者，为提高教学水平，培养适应社会发展的创造性人才服务，那种“教教材”的“教书匠”的传统做法已不适应现代教育的需要。高效率地提高学生素质，迫切呼吁教师的创新智慧。所以，教师必须以研究者的姿态进行教育教学，并在不断地研究与探索中有所发现，有所创造。

5.拥有相应的专业能力

其一是理解他人和与他人交往的能力。这是教师有效实现与学生的双向沟通所必需的，也是教育日益社会化和社会日益教育化的今天不可缺少的。教师教育对象是人，需要教师与学生之间进行精神的沟通、情感的交流，引导学生健康活泼地成长。同时，教师也是工作群体的一员，要有与同事融洽相处、合作共事的能力。教育不仅涉及学校，同时还涉及家庭及社会，所以教师还应具备与家长、社区有关人员沟通与合作的能力，与家庭、社会合作，开展全面有效的工作。

其二是组织管理能力。一般的教育工作以班为单位，教师要发挥学生群体对个体的教育作用，使每一位学生在群体生活中得以施展才能，在适应群体生活等方面得到锻炼。这就要求教师要有管理班级和领导教育教学活动的能力。

6.具备学习的能力

勤于学习，充实自我，这是当今做好一名教师的基础。我们作为一个教师，跟其他专家不一样，需要各方面的知识，一个知识面不广的教师很难真正给学生以人格的感召。孩子年龄越小，他们对教师的期望就越高，他就越把教师当成是百科全书。在他们眼里，教师是无所不知的，如果教师是一问三不知，他们就非常失望。所以，教师要完善自己的知识结构，做一个知识渊博型的教师。如今是现代教育时代，教师要不断学习，掌握现代教育技术，成为能运用网络信息资源实现教学过程最优化的教师。联合国教科文组织对新文盲的定义是：现代文盲是不能识别现代信息符号、图表的人，不能应用计算机进行信息交流与管理的人。作为一名有现代教育意识的教师，应该比较好地掌握计算机和网络信息技术，为教学服务。

未来社会是一个学习化的社会，要求教师成为终身的学习者。瑞士的查尔斯·赫梅尔曾指出："终身教育是唯一能够适应现代人，适应生活在转变中的世界和变动社会中的人的教育。这样的人必须使自己能够不断地适应新情况。"要把握时代的脉搏和教育改革的方向，教师应该树立终身学习的观念，提高自己的学习能力，时时充电，不断更新自己的教育观念、知识结构，掌握科学的教育方法，提高教学效率，适应现代教育的需要。

7.具有职业敏感性

作为一名教师，除了具有广博的知识、多元的能力之外，还应具备反应敏捷、精力充沛的内在素质。就像新闻记者善于捕捉稍纵即逝的新闻镜头、富有新闻敏感性一样，教师也应有自己的职业敏感，它是教师在长期的教育生涯中形成的。学生思想上的细微火花，脸上流露出的异样神情，口中一句不经意的言语，生活中的些许异常行为……这些看似平常的小细节，并不会引起常人的注意，但是它却能触动优秀教师那根敏感的职业神经，成为他工作的突破口。他能够见微知著，明察秋毫，把问题消灭在萌芽状态之中。

8.要有强烈的责任感

有人认为，教师至少面临三项责任：一是岗位责任，就是要爱岗敬业，教书育人，为人师表，这是教师职业的本质特征。二是社会责任，人民群众把子女送到学校，就是把家庭美好的希望寄托给了学校，教师有责任把学生教好、保护好、培养好，有责任让家长放心满意，有责任促进教育公平，促进构建和谐社会。三是国家责任，我国是一个人口大国，现代化建设的宏伟目标要求将沉重的人口负担转化为巨大的人力资源，这个转化工作主要依靠教育来承担，这是广大教师和教育工作者对民族、对未来所肩负的重要责任。

9.要有无私奉献的爱心

首先，爱学生就要了解他们。了解他们的爱好和才能，了解他们的个性特点，了解他们的精神世界。其次，爱学生就是要公平对待所有学生。

最后，爱学生就是要尊重他们的人格和创造精神，与他们平等相处，用自己的信任与关切激发他们的求知欲和创造欲。

10.要有优良的心理素质，保持健康的体格

教师心理素质如何，直接关系到学校育人的成效。实事求是的理智态度，勇于探索的进取精神，健康稳定的情绪体验等，构成了教师心理品质的核心。然而据调查，师范生存在着严重的心理问题，如“学习厌恶症”、“考试恐惧症”、脆弱、自卑、压抑、恼怒等，并由此导致个别心理失衡、认识失调、行为失范，还有自伤和伤人现象等。所以，有必要对师范生和教师进行耐挫、磨炼等心理教育。

没有健康的体格是难以胜任教师工作的，特别是中年教师，正处于育人经验丰富、肩负重任的时候。教师本人应重视劳逸结合，加强身体锻炼；相关部门应当进一步关心教师，要从物质生活等各方面保障教师有健康的体格，以适应繁重脑力劳动的需要。

总之，新课程改革对教师提出了教育专业工作者的要求，这就是教师要成为学生成长的引领者，学生潜能的唤醒者，学生知识建构的促进者，教育艺术的探索者，校本课程的开发者。这也是对教师内涵的新要求。

三、好教师的心理特征

教师的心理特征实际上是教师不完全等同于他人的人格特征，是人们在心目中对教师的要求和期望，是教师素质的重要表现。好教师的心理特征主要表现在如下四个方面。

1.崇尚精神文化

教师是人类精神文明的传播者，在长期的职业实践中，教师不断接受精神文化的滋润和熏陶，因而渴求精神文化。主要表现为：忠孝传佳话，诗书伴人生，并以此自慰；热爱知识，尊重科学，潜心钻研，注重修养，举止文明；甘于清贫，淡化物欲，宁可节衣缩食，也要花钱去订报购书；休闲时间不多，但多用于看书学习，著书立说；课余生活丰富，择友而交，谈笑有鸿儒，往来无白丁；就算是身处逆境，也会觉得艰苦的人生历程是宝贵的精神财富。

2.具有奉献精神

无论是过去,还是现在,在市场经济大潮中,大部分教师都具有无私奉献的精神,都能敬业爱生,忘我工作。在工作中常常会有来自多方面的压力,可能还要承受家属的迁怒,子女的责怨,别人的讥讽,但却情系教坛,无怨无悔。就算因一时一事对学校、领导有不同意见,但意见归意见,一当接触到学生、接触到工作时,又会顾全大局,全身心投入工作之中,而不计较个人的恩怨得失。教师有蜡烛精神,红梅品格,报春而不争春,甘为人梯,愿做学生成长的铺路石。教师的奉献精神是爱心的具体表现,所以有人说,最伟大的是母爱,最崇高的是师爱。

3.注重自尊自爱

教师是知识分子,知识分子总有点“孤芳自赏”、“洁身自好”的特性,长期从事具有独立性、创造性的劳动,使教师对自己特有的教学风格和艺术“如数家珍”,不容责贬。为人师表、言传身教的地位,使教师更注重自己的形象和别人对自己的评价。随着尊师重教的良好社会风尚逐渐形成,教师自尊荣誉的需要也越来越得到强化,不断追求人格高品位。大部分教师都能自重自爱,并希望得到他人的承认和尊重,自然就忌恨社会上的一些不良现象,对某些人的虚伪、无信也难以容忍,而呼唤真诚,崇尚理性。

4.善于运用智力

大部分教师都善于运用智力,爱动脑筋,对人对事不盲从,不迷信,不畏权势,服才服理;对不少问题有独立的见解,具有一定的预见性,能审时度势作出合乎情理的判断。这就要求领导者必须加强学习,注重实践,努力提高自身素质,德、智、体、美、劳全面发展,以高尚的人格和出众的才能赢得广大教师的信任和支持,体现以德育人,以才服人,从而提高非权力因素的影响力。

四、好教师的基本要求

教师素质不是空洞、抽象的,而是具有充实的内容。教师素质的内在要求指的是教师素质的个体表现,包括教育理念、知识、能力、品德与人格、内化的行为规范等几个方面。教育理念是教师专业行为的基本理论支点，是教师在对自己所从事的教育工作本质理解基础上形成的关于教育的观念和理性信念[①]，教师的知识和能力是教师素质的基础，教师的品德与人格是教师素质的核心。

2012年教育部发布幼儿园、小学、中学教师专业标准(试行)。该标准的基本理念是学生为本，师德为先，能力为重，终身学习。基本内容由维度、领域和基本要求组成，分别对幼儿园、小学、中学教师的专业理念与师德、专业知识和专业能力提出60条具体要求。根据这一标准，我们认为，中小学教师的素质主要由以下几个方面组成：

(一)观念是好教师素质的灵魂

教师的观念对教师从事教育教学工作起到方向性作用，是教师素质的灵魂和向导。在现代社会，教师的教学观是指教师在教学活动中表现出的各种观念，表现在教师的教学目的观、价值观、过程观、组织观、方法观、评价观、质量观等诸多方面。

一是教学目的观。教师要由“双基”观转向全面素质观，既要注重知识、技能，也要注意过程与方法和情感、态度、价值观。教师要树立智能观，在教学中加强基础教学，发展学生智力，培养学生能力。教师要树立素质观，努力提高学生素质，加强基础，增强能力，发展个性，提高素质。

二是教学本质观。教师要将“教学”当做一种行为，即相当于老师的“教”，是教学实践中教师这一方的行为，也要将“教学”看成是一个词组，是教师的“教”和学生的“学”两方面组成的活动，并且两者不可分割。从关注教师行为的角度来说，“教学(教)就是教师引起、维持与促进学生学习的所有行为”。现代课堂教学，不是单纯的知识传递过程，而是组织学生主动学习，实现学生发展与变化的过程。

三是教学价值观。在教学改革过程中，新的教学价值观逐步形成，教师不能只重外在价值而忽视内在价值。教学的外在价值，即教学服务于社会的价值。教学的内在价值，即教学完善人的精神世界的价值。教学要兼顾社会的需要和个体发展的需要，内外价值并重。教学不能仅仅只注重学生认知智慧的发展，还应关注人的情感智慧的发展，促进学生身心

---

① 叶澜，白益民，王枬，等. 教师角色与教师发展新探[M]. 北京：教育科学出版社，2001:21.

的健康发展,完善人的精神世界。

四是教师角色观。从教师的职责定位来看,教师不仅要传授文化知识,还要帮助学生最大限度地发展自己的潜能,引导学生学会求知、学会做人、学会生活、学会发展,发展学生的技能与个性。从教师的角色定位来看,教师不仅是知识的传授者、课堂纪律的管理员、社会的代表人,还是人类文化的传递者、新生一代灵魂的塑造者、学生心理的保健医生、学习者和学者、人际关系的艺术家、教学的领导和管理者。

五是教学质量观。质量观是指一定社会中人们所遵循的一种价值准则。教师质量观就是人们为评价教师教育工作成效所遵循的价值准则。教师质量观包括几个方面:首先,教师应该把教学质量放在学生的发展上,发展应成为教育教学质量的终极目标的体现。知识传授与能力培养的最终目的都是为了学生的发展,发展是教育教学的本体目标。其次,教师的质量观应关注所有学生的发展,而不仅仅是优秀学生的发展,少数学生的发展。再次,教师的质量观应是包括学生发展、教师自身发展与学校发展三位一体的发展。发展是教师与学生的共同发展,是"教学相长"。

六是教学评价观。教师的评价观就是教师对于为什么要进行评价、如何评价学生的观点和看法。在以往,教师把评价看成是甄别学生学习成绩高低的手段,看成是促进学生掌握基础知识、形成基本技能的有效手段,看成是管理学生、督促学生学习的有效手段,也是衡量教师自己工作成效的有效手段。但随着课程改革的推进,教师应树立新的评价观。

教师应该树立发展性评价观,把评价看成是促进学生发展的有效手段,通过评价了解学生发展的动向,提出针对性的学生发展目标,找到学生发展的方向和方法,进而促进学生的全面发展。教师也要树立全面性评价观,教师在评价学生时不能只看学生的考试成绩,不能只看学生知识、技能掌握的情况,还要看学生的道德、个性、情感、意志、审美、身体与心理健康等方面,全面地了解学生发展的状况,促进学生的全面发展。教师还要树立过程性评价观,在评价学生时不能只看目前,只看一时一事的表现,要从学生整个成长的过程出发,对学生进行全程评价,了解学生的过去、现在和将来,用成长记录的方法评价学生,把评价看成是改进教学、促进发展的有效方法,扩大评价的功能。

现代教学评价中，首先注意看“主体参与”情况，把学生当做学习与发展的主体。评价一节课，应看学生的参与程度和学习的积极性如何，这需要教师不断改善教学技能。其次，看教师的“教学机智”。这要看教师能否把握教学情景和教学时机，善于“机智应变”，妥善处理各种突发事件和学生的不良行为，运用多种教学策略，鼓励学生主动参与学习，对学生进行有效管理和教学。一旦学生对教师上课产生“欲望”，这就证明课堂管理获得成功，进而证明教师具有驾驭和管理课堂的能力。教师的工作是教学，教学要从多角度、多维度来看问题。要学会“从下看上”，即从“学”的角度看问题，关注学生的需要，学生的发展状况，以及学生发展的能力，以此为出发点反思“教”的行为、“教”的目的和“教”的思想。

（二）知识是好教师的基本素养

教师职业是依靠知识与技能进行工作的知识型、技能型专业工作，知识与技能是教师素质的核心，是教师从事职业工作的基本保证。知识、技能最能体现教师的水平。那么，教师应该具备什么知识结构和水平，应该具备什么技能结构和水平，应如何提高知识和技能水平呢？

1.关于教师知识构成的观点

在现代社会，学校的主要功能仍然是向学生传授知识。要有效地、顺利地传授知识，一个很重要的前提是教师应该具有丰富的知识储备，并且要不断学习，不断获得新知识。

教师的知识结构直接影响教师的教育教学质量。国内外学者对教师知识结构的观点与看法不完全相同。美国学者林达·费尔斯坦、潘瑞克·费尔普斯认为，要从事教师职业，必须了解课堂教学、教学对象、教师本身应具备的能力、教师的知识基础、学校和社会环境等知识[①]。

舒尔曼对教师知识结构的分析是比较有影响的，他认为教师必备的知识至少应该包括以下几个方面：①学科内容知识；②一般教学法知识，特指超出学科内容之外的有关教室组织和管理的主要的原则和策略；③课程知识，特指掌握适用于教师作为“职业工具”的材料和程序；④学科教

① LYNDA FIELSTEIN, PATRICIA PHELPS. Introduction to teaching: rewards and realities[M]. Published by Wadsworth, a Divishion of Thomson Learning, 2001:442–446.

学法知识，指学科内容与教育专业知识的混合物；⑤有关学生及其特性的知识；⑥有关教育脉络的知识，包括班级或小组的运转、学区的管理与财政、社区与文化的特征等；⑦有关教育的目的目标、价值、哲学与历史渊源的知识等①。

舒尔曼认为，教师必须知道如何把他所掌握的知识转换为学生能理解的表征形式才能使教学获得成功。他还认为，在上述知识范畴中，学科教学法知识是特别重要的，因为它确定了教学与其他学科不同的知识群，体现了学科内容与教育学科的整合，是最能区分学科专家与教师的不同的一个知识领域。

有关教师知识分类和结构的研究很多，其中有代表性的研究归纳如下（表7–1）。

表7–1　不同学者的教师知识分类

研究者	教师知识分类
舒尔曼	学科内容知识；一般教学法知识；课程知识；学科教学法知识；有关学生的知识；有关教育情境知识；其他课程的知识
斯腾伯格	内容知识；教学法知识（具体的，非具体的）；实践的知识（外显的，缄默的）
格罗斯曼	学科内容知识；学习者和学习知识；一般教学法知识；课程知识；情境知识；自我的知识
申继亮，辛涛	本体性知识；实践性知识；条件性知识
甄德山	教育理论知识；所教专业科学知识；普通文化知识
默　里	广泛的普通教育；所要任教的学科内容；教育文献；反省的实践经验

2.教师的知识结构

教师的知识至少应包括四个部分：专业知识，科学文化基础知识，教育学、心理学知识，实践性知识。

（1）本体性知识——胜任岗位职责的保证。教师的本体性知识是指教师所具有的特定的学科知识，如语文知识、数学知识等。

教师首先应是一个学者，是所教学科的专家。本体性知识是教师进

① 教育部师范教育司．教师专业化的理论与实践[M]．修订版．北京：人民教育出版社，2003：55.

行有效教学的前提。知识应体现事业性与职业性特点，一个人的知识结构以自己所从事的职业与专业为基础。

这种本体性知识有如下四个要求：一是对学科知识有一定的深度和广度；二是既懂得本学科的历史，又掌握该学科的新进展；三是与本学科相关的知识，例如有关学科的知识背景、实验知识、观察知识以及科学方法论方面的知识等；四是能把本学科知识变成自己的一种学科(学术)造诣，能够清楚表达出来。

然而，具有丰富的学科知识只是“基本保证”，而不是唯一保证，即具有本体性知识并不能成为一个好教师的决定条件。

雷诺兹认为，所教学科内容知识主要包括：一是内容知识，即各学科有关的事实、概念、原理、理论等；二是实质知识，即一个学科领域的主要诠释架构与概念架构；三是章法知识，即一个学科领域里新知被引入及研究者对知识的追求与探究的标准或思考方法等；四是有关学科的信念；五是有关学科的发展——最新的发展、正在进行的研究以及最近取得的成果[①]。

在现代社会，教师至少要具备1~2门学科的专门性知识。教师要对学科的基础性知识、技能有广泛而准确的理解和掌握，要对与该学科相关的知识有基本的了解，并适时地运用于教学，还要对学科的发展趋势有明确的把握，既了解学科发展的历史，又能预测学科的发展趋势，并能把学科最新的发展成就引入教学中，培养学生的创新精神。当然，教师还要对学科所提供的独特的认识世界的视角、视域、层次及思维的工具与方法有深刻的理解，并运用到教学中，以增强学生的精神力量和创造意识，体现科学精神和人格力量。

(2)文化知识——博采众长，自成一家。在学习化社会，教师要成为终身学习者，基础知识的发展必不可少。教师的工作，有点像蜜蜂酿蜜，需要博采众长。为了实现教育的文化功能，教师除了要有本体性知识以外，还要有广博的文化知识，这样才能把学生引向未来的人生之路。在学校里，知识渊博的教师往往赢得学生的信赖和爱戴。因为教师丰富的文

① 教育部师范教育司. 教师专业化的理论与实践[M]. 修订版. 北京：人民教育出版社，2003：58.

化知识，不仅能扩展学生的精神世界，而且能激发他们的求知欲。学生的全面发展，在一定程度上取决于教师文化知识的广泛性和深刻性。因此，我们主张每一位教师都要发挥自己的一技之长。这种知识属于教师个人的显性知识，一般是散落于教师个人电脑的各个目录和文件夹中的电子教案、课题、论文、课件等，可以通过培训学习、阅读、听讲座等方式获得。

教师具有广博的知识，就能够满足每个学生多方面的探究兴趣和多方面发展的需要，帮助学生了解丰富多彩的客观世界，帮助自己更好地理解所教学科知识，帮助自己更好地理解教育学科知识。如学习教育哲学就需要思维哲学、伦理学、社会哲学、认识论等学科的知识基础。要提高在学生和家长中的威信，教师知识越多，他在家长及学生心目中的威信和信誉就越高①。

作为老师要具有丰富的学识修养，要多才多艺，要有真才实学，除了全面系统掌握所教学科的知识外，还要掌握一定广度的文化知识，例如文艺、体育、美学、校园文化等。

（3）情境知识——充满个性的教学机智。教师的实践知识是教师教学经验的积累。教师的教学具有明显的情景性，只有针对学生的特点和当时的情景有分寸地进行工作，才能表现出教师的教育教学机智。实践知识受一个人经历的影响，这些经历包括个人的打算与目的以及人生经验的累积效应。所以，这种知识的表达包含着丰富的细节，并以个体化的语言而存在。显然，关于教学的传统研究常把教学看成是一种程序化的过程，忽视了实践知识与教师的个人打算，限制了研究成果的运用。

教师通过实践性知识的转化获得实践能力。教师实践能力是衡量教师专业能力与水平的一项重要指标，是教师专业能力中的核心内容，包括语言表达能力、组织能力、学科教学能力等。研究能力和水平体现着教育实践与教育理论的密切结合，是教育教学创新对教师发展的必然要求，是教师发展的专业保证。这类知识是隐性知识或个人知识，通过培训不易获得，是个人知识管理的核心。

---

① 教育部师范教育司．教师专业化的理论与实践[M]．修订版．北京：人民教育出版社，2003：57.

(4)条件性知识——成功教学的“金钥匙”。教师的条件性知识是指教师所具有的教育学与心理学知识。主要包括帮助教师认识教育对象、开展教育教学活动和从事教育研究的知识。教师还要具备教育方面的新知识,如关于人的知识、教育哲理的形成、管理策略、教育教学活动设计、方法选择、现代教育技术手段的运用及教育研究方面的知识。这种知识是广大教师所普遍缺乏的,也是在教改实验中特别强调的。条件性知识是每个教师成功教学的重要保障。教师的条件性知识可分为三个方面,即学生身心发展的知识、教与学的知识和学生成绩评价的知识。

教师这几个方面的知识之间互相支撑、渗透与有机整合,并体现在教师教育行为的科学性、艺术性和个人独特性上,表现出教师精神生活的丰富性和发展性,特别表现出教师职业的高知识、高素质特征①。

(三)能力是好教师素质的核心

教师的能力是指教师达到教学目标,取得教学成效所具有的潜在的可能性,它由许多具体的因素所组成,反映出教师个体顺利完成教学任务的直接有效的心理特征②。教师的能力通过教育教学活动展现出来,表现为教师的行为。教师的行为泛指一切在教学过程中可以直接观察到的所有的教师的行动,例如教师讲课、写板书、问问题、控制课堂秩序等行为。有的人把教师的能力看成是教师技能的一部分,我们认为,能力是一种心理特征,而技能则是一种经过反复练习获得的素质,它能使活动方式的基本成分达到自动化的程度。

1.教师能力的基本构成

(1)教学能力。教学能力是教师最为重要和基本的能力。缺乏教学能力,就是具有丰富的知识,也很难有效地传授给学生;缺乏教学能力,不论品德多么高尚,都不是一个称职的教师。除了课堂教学能力以外,为保证课堂教学活动的顺利进行,教师要具有课堂管理能力。研究证明,教师能否有效地驾驭课堂,对课堂教学的成败至关重要。

① 叶澜,白益民,王枬,等. 教师角色与教师发展新探[M]. 北京:教育科学出版社,2001:24.

② 教育部师范教育司. 教师专业化的理论与实践[M]. 修订版. 北京:人民教育出版社,2003:59.

与课堂教学相关的能力主要包括以下几个方面。一是教学准备的能力，即教学设计的能力，在我国主要指的是年度和单元教学计划设计的能力，具体包括掌握和运用课程标准的能力，掌握和运用教材的能力，制定教学计划的能力，编写教案的能力，了解学生的能力，确定教学目标的能力，准备教学方法的能力，选择教学手段的能力等。二是教学实施的能力，即实施教学计划、控制教学情境的能力，具体包括选择和运用教学方法的能力，因材施教的能力，课堂教学组织的能力，运用各种教学技巧的能力和教学机智等。三是教学辅导的能力，包括给学生布置恰当作业的能力，组织学生进行练习的能力，解决学生学习中的疑难和问题的能力，课后与学生进行有效交流的能力等。四是学业检查评价的能力，具体包括批改与讲评学生课外作业的能力，设定评价目标和评价标准的能力，收集评价资料的能力，选择和运用评价方法和评价工具的能力，分析或解释评价资料与结果的能力，反馈矫正的能力等。

(2)教育能力。教育能力也是教师最基本的能力。教师是一个教育者，他们的工作成效直接影响着学生的成长。善于做学生的思想工作，使学生保持良好的精神状态是教师必备的素质。教育能力表现为教师能够及时发现学生的思想动向，了解学生的所思所想，把握学生的愿望和要求，理解学生在成长与发展中的困境和疑惑。同时，能够理解学生，有的放矢地对其进行针对性的思想教育，把学生的发展引导到正确的轨道上，实现教育在学生发展中的定向、加速、强化等作用。

在我国，担任班主任是教师的一项基本的职责，几乎所有的中小学教师都要担任班主任。对学生进行思想教育，激发学生学习的积极性，引导学生的健康成长，这与教学工作一样，也是教师的基本职责。教师了解学生的能力，与学生交流的能力，帮助解决学生思想问题的能力，组织班级活动的能力，以及与学生家长等的沟通能力等，构成班主任的基本素质。

在教育中，教师还要具备与科任教师配合进行学生的思想品德教育的能力，充分发挥课堂教学的主渠道作用。

(3)学习能力。这是教师应该具备的又一基本能力。在现代社会，知识的创造和积累与日俱增，新的知识不断涌现，不学习就意味着落后与淘汰。没有学习能力，就没有发展的潜力和后劲，也就不会是一个能不断适应职业新要求的称职的教师。教师不仅要向书本学习,不断补充新知识,成为某个学科的专家,而且要向实践学习,学习教育教学的经验和方法,学习优秀教师的好方法、好经验,还要向学生学习,学习他们的新思想、新观念、新方法,始终保持年轻的心态。只有持续不断地学习,教师的知识才能日久常新,能力才会不断提升,质量才会不断提高。

(4)教育科学研究的能力。这是对教师职业的特殊要求。随着教育的发展,优秀教师的特征已由奉献型、辛苦型向研究型、创造型转变,教师教育教学的研究能力显得十分重要。教师要不断研究身边日常的教育现象,研究学生,研究自己的教育实践,还要不断地研究新的教育问题、思想和方法,反思工作的成败、得失,只有这样,才能成为高水平的教师。

苏霍姆林斯基说过:"如果你想让教师的劳动能够给教师带来乐趣,使天天上课不至于变成一种单调乏味的义务,那你就应当引导每一位教师走上从事研究这条幸福的道路上来。"与教育研究部门的专家相比,教师处在一个极其有利的研究位置上。在教学实践中,教师对教学情境中的问题进行反思、研究,提出的改进意见最贴切,也最能解决问题。

教师要注意把教学实践与教育科研融为一体,使它成为促进教师专业持续发展与教研能力不断提升的过程。教育教学研究要立足学校实际,立足教学课堂。教师对自己的教育教学要多反思,对教学进行经常性诊断与评价、研究与分析、研讨与交流。经过反复的探索和实践,把新的教育理念真正转变为教师的教学行为,最终促进教师自我学习、自我反思,进而促进教师主动参与教育科研活动,学会教学研究。

(5)管理能力。教师既是一个职业工作者,也是一个管理者、组织者,他们的管理组织能力,直接影响学生活动的方式和效果,影响学生的成长和发展。教师既要管理学生的学习,也要管理他们的生活、纪律、道德,还要管理教师自己的工作,在课堂上要管理课堂。教师的管理能力还包括学生活动的计划、设计能力,也包括对活动的组织、协调、控制能力。作为现代教师,这两方面的能力都应得到发展。

管理能力涉及教师质量的诸多方面,首先是自己的教学工作、教育工作的管理,还有进修与发展的管理,有对学生的管理,也有对时间、信息、教育教学资源的管理,有各种活动的管理。没有管理能力,教师就不可能正常地进行教育教学工作。因此,管理能力是教师的一项必备素质。

(6)交往能力。教育的特点决定了教师不仅要与学校内部的各类人员,如学生、同事、领导、其他职工交往,还要与社会人士交往,尤其与家长的交往。学校要得到社区的帮助,就离不开教师与社会人士的交往。精神的沟通、情感的交流和人格的相互影响是教师运用其他人力资源,搞好教育教学工作的有效手段。当然,交往也体现了个人成熟与发展的特征,体现了一个人社会化的水平。只有具备了以上的能力结构,教师才可能有效地进行教育教学工作。

教师的人际交往与合作能力是教师进行有效教育教学的重要依托,学生只有信任和认同教师的教育,才能取得教育教学的实效。在与学生交往中,教师要学会主动与学生交朋友,放下架子,更多地了解和接纳学生,积极地关怀学生,恰当而开放地进行师生对话,在学生的心目中树立亲切、友善的良好形象,为学生创建一个理解、关怀的环境,养成学生自觉的学习行为,与教师一同参与教与学的各项活动。

(7)现代信息技术能力。随着信息技术与学科的不断整合,教育信息化的步伐不断加快。在这样的一个高速发展的环境,广大教师正经历着现代教育环境下人才培养观念、模式、方法的变化、整合与创新。教师要注意把提高学科素养与信息技术应用结合起来。教师只有掌握必要的信息技术能力,并把它应用到课堂教学中,才能构建全新的教学模式。每一位教师必须从细微处入手,思考在信息化条件下如何教与学,树立全新的教育观念,掌握信息工具的使用,并学会在自己的教案设计中,充分利用信息技术和信息资源,科学地安排教学过程的各个环节,在课堂教学中实现教学过程的最优化。

2. 课程改革对教师专业能力的新要求

(1)课程研究与开发能力。传统的课堂教学模式基本上是灌输—接受模式,教师最主要、最根本的工作是传授知识,很多老师不愿、也不会做研究。新课程的出现,使教学情境中的问题增多并变得复杂,固守某一教学模式已不能适应新的课堂,教师必须成为研究者。同时新课程改革在继承传统的接受学习的基础上,增加了研究性学习。学习方式的改变给教师提出新的要求,在研究性学习中,要想指导学生进行有效的研究,教师首先要成为一个研究者，而这恰恰是中小学教师所欠缺的。为此，教师应熟练掌握研究的基本方法，不断提高教育科研能力，真正成为学生研究性学习的指导者与参与者。

基础教育课程改革对教师素质提出新的要求，在新课程在全国范围内全面展开的时候，教师不能面对挑战束手无策，而应把挑战作为自身专业发展不可多得的机遇，应对挑战，不断地充实自我，发展自我，与新课程同行。

教师要积极参与到校本课程的开发当中。校本课程的开发，要求教师不仅会“教书”，还要会“编书”，为教师提供了一个创造性发挥教育智慧的空间。

通过课程资源开发，师生资料来源扩大，知识视野得到极大的拓展。不仅如此，在收集资料的过程中，学生还会学到不少在课堂上无法学到的知识和技能。如引导学生从网上下载并打印相关资料；根据自己的学习目的，去图书馆查阅、检索资料；根据自身学习需要，到书店购买相关书籍等，这都表现为一种学习能力，它比纯粹的学科知识更为重要。

教师要有强烈的资源意识，要做社会生活的有心人，随时发现可供利用的课程资源，引导学生共同开发，让资源的开发过程成为师生互动的过程，增加师生学习实践的机会，在实践中锻炼，在实践中成长，让教师的课程开发能力在成长中生成。

(2)课程资源开发与利用的能力。广义的课程资源指有利于实现课程目标的各种因素，甚至可以更广义地理解为，凡是有助于学生的成长与发展的活动所能开发和利用的物质的、精神的材料与素材，都是课程资源，如图书资料、音像资料、风俗习惯、文史掌故、名胜古迹、自然风光、与众不同的人和事等。开发和利用丰富的课程资源，有利于教育与学生生活世界的联系，有利于增强优化教育资源的配置，有利于提供给学生尽可能优越的成长环境。但是在传统的教学体系中，一方面，课程由国家、地方制定，教科书由国家编写，教师过分依赖教科书和教学参考书，对身边丰富的课程资源视而不见，因而造成学生的学习资料匮乏，知识与生活实践脱节等问题；另一方面，我国的师范教育侧重学生对知识的掌握，几乎没有与课程发展相关的教育内容，即使在教师继续教育中，也是偏重于知识与技能的培训，很少涉及课程开发等方面的专业能力。

新课程中教材不再是惟一的课程资源，新的学科课程标准和教科书为教师留下了更多发挥与创造的空间，教师可根据教学的需要，根据学生发展的需要，自主地选择和利用课程资源，采用自己认为最合适的教学形式和教学方法，进行个性化的教学。为此，教师应具备一定的资源利用、课程开发和课程设计能力。教师不能仅仅会“教书”，还要会“编书”，合理地、有创造性地运用各种课程资源。开发与利用课程资源的主要途径有：调查研究学生的需求，了解学生的现有发展水平与个体差异，为学生提供学习资料，安排学生从事课外的实践活动等。网络的发展为教师开发课程资源提供了丰富的源泉。同时，校本课程的开发与实施，也为教师的课程开发能力提供了施展的舞台。

(3)时间管理能力。时间管理能力指有计划地安排和利用时间，在有限的时间和精力条件下，统筹安排，高效率地完成工作的能力。

面对新的形势，许多教师突出的感受就是累：完成教学任务，开展日常工作，理论学习与进修，应付来自各方面的各种各样的新的任务，每件事都要做，但每件事都不能做到最好，教师们感到疲惫不堪。这与教师不能很好地利用时间、不会统筹安排时间有很大关系。在教师的传统意识中，按上级领导交付的各项任务开展工作已成为习惯，加之中小学的教育和管理比较繁杂，所以教师往往不能有计划地、自主地安排工作，导致陷于繁杂的工作中，无暇顾及再学习，更不要说有充分的休闲时间了。

“成功与不成功的差别在于你如何利用所拥有的24小时。”成功人士并不都是“工作狂”，而是善于把握时间、利用时间的人。时间管理并不深奥，有一些方法有助于教师管理好自己的时间：首先，每天都感到时间不够用，被工作压得抬不起头的老师们，不妨抽出一点时间，把自己每天所进行的工作记录下来，详细地记录每一个时间段所做的工作，一定要如实记录。这时你会很容易地发现，你“忙碌”的一天中，有些时间是在闲谈、走神和无效劳动中被消磨的，请把这些时间充分利用起来。这是你有意识地进行时间管理的第一步。其次，可以尝试把工作排出先后次序，优先处理那些急需处理的事项，把待办工作写成工作表，并标注出完成任务的最后期限。再次，不要浪费自己的时间，也不要让别人浪费你的时间。最后，不要忽视零星的时间，利用好以前被你不屑一顾的小的时间段，集腋成裘，你会有意想不到的收获。

(4)教学反思能力。反思能力是指教师在职业活动中，把自我以及教学活动作为意识的对象，不断对自我及教学进行积极、主动的计划、检查、评价、反馈、控制和调节的能力。不断发展的社会，不断发展的教育，要求教师在情感上、意志上、知识与能力上不断地反思。反思"教什么"、"如何教"，更重要的是反思"为什么而教"的问题。通过对教学的反思，打破原有的思维定式，在反思的基础上，进行个性化的教学活动；通过自身的反思，对自己进行正确的评价，找出自身的优势和不足，从而扬长避短，有助于拓宽专业视野，激发不断追求超越的动机，激励教师不断再学习，促进自身的全面素质向更高的层次发展。

教学反思被认为是教师专业发展和自我成长的核心因素。教师要努力成为反思型教师，通过观察学生的行为，对自己的教学行为进行自我评价，记录自己的教学效果和行为。教师及时进行教学反思，能使教学高质、高效地进行。教学前反思，可使教学成为一种自觉的实践；教学中反思，能使教学顺利进行；教学后反思，则是有批判、有总结地进行教学反思，能修恶改良，使教学经验上升为理论。反思有助于教师理解与实践课改理念和评价教学，提高教学效果。

在新课程的实施过程中，教师有很大的主动权，每一次教学活动都是动态的，进行反思有助于总结经验，不断修正教学行为。教学反思分为教学技能的反思、教学策略的反思、教学理念反思和教学科研反思等几个层次，教师可根据不同的发展水平选择不同的反思内容。反思策略包括自我提问策略、行为记录反思策略、交流反思策略。教学反思可以通过阅读反思、写作反思、研究反思、录像反思等方法进行。

(四)好教师应具备的技能

1.教师技能的类型

教师的技能可以从广义和狭义两个方面分析，狭义的技能指的是在一定的知识基础上按照一定的方式通过反复练习或由于模仿而达到"会做"某件事或"能够"完成某种工作的水平，是技能的初级阶段或初级水平;广义的技能指的是在掌握初级技能的基础上经过反复练习,使活动方式的基本成分达到自动化的程度[①]。教师的基本功可以看作是属于狭义的教学技能的范畴,一般泛指教师具有书写钢笔字、粉笔字、毛笔字(简称"三字")和用普通话说话、讲课、朗读(简称"一话")的本领,以及会制作教具、教学挂图,会编写教案、编排板书、画教学简图,熟悉课程标准和教材等。广义的教学技能就是教学技巧,是教学技能的高级阶段,是"教学行为专业性"的重要方面,反映了教师运用已有知识或经验来完成教学任务的熟练程度和水平。

2.教师技能的基本构成

教师是教学活动的基本要素,在教学过程中,教师教学技能的发挥程度,直接影响教学活动的效果和人才培养的质量。因此,要想成为成功的教师,必须具备一定的技能。

教师应具备的课堂教学创新技能主要包括五个方面。

一是课堂教学目标设计应该重视发展学生的整体素质,尤其是关注培养学生的创新精神与实践能力。

二是教师在课堂上要建立尊重、平等的师生关系,给学生营造民主、宽松、自由的学习空间,做到思维共振,情感共鸣,活动默契,具有构建师生互动、共同参与的课堂氛围的能力。

三是强调培养学生的独立学习技能。教师应自觉主动地把教室作为活动室,把讲堂作为学堂,时时注意教给学生学习方法。同时,在这个教学第一阵地,不断地提高、锤炼自己,在教会学生学习的同时,促进教师自身的学习提升。

四是要从根本上提高教师的语言表达能力,包括口头语言、书面语言和体态语言等。尤其是课堂语言要做到提问有方,表达有情,评价有度,学会抑扬顿挫,激情流淌。在教学实践中,特别是语文教学活动,教师语言若富于激情,便会时刻撞击学生的情感,师生间便于充分展开思想的碰撞,心灵的接纳,情感的交融,从而创造出一种情感撞击后心灵的开阔,让学生学习激情始终保持在兴奋点上,课堂活跃而适度,每个学生都能感受

① 教育部师范教育司.教师专业化的理论与实践[M].修订版.北京:人民教育出版社,2003:59.

到自主的尊严，心灵成长的愉悦。这样就真正创造出了一种师生互动、心灵倾听的分享方式，实现了“以参与求体验，以创新求发展”的理念。

五是要重视对学生与教师学习效果的研究。评价一节课，除了看教师投入了多少情感，融入了多少课外知识，还要看学生在学习过程中花了多少精力，产生了多少兴趣等。

3.教师技能的个性化

《非常教师》一书中“优质教学的精髓”一节对教师有这样一个简单的评价标准：平庸的教师传达知识；水平一般的教师解释知识；好的教师演示知识；伟大的教师激励学生去学习知识。教师要树立教学促进者的新形象。

广大教师要在课堂教学中不断践行教学理论、课程理论，运用专业知识和现代化教学手段与技能，高效使用新教材，研究新情况，尝试“自主学习、探究学习、合作学习”的教学方式，强化和培养自己的教学技能，达到教师职业技能的提高及学生的全面发展。

4.教师课堂教学的技巧

教师的教学技巧是指在教学过程中，教师引导学生的学习活动，控制课堂气氛与学生的注意力，使教学活动顺利进行的具体熟练的技术技能。在中小学主要是指课堂教学的技巧，而在职业训练和高等院校，教师的技巧类型会更多，但都可以称之为教学技巧。具体来讲，教师的教学技巧可归纳为以下几个方面：①导入的技巧：唤起学生的注意力，刺激学生的学习兴趣；②强化的技巧：适时对学生正确的学习行为给予鼓励；③变化刺激的技巧：变换感觉的途径，变换交流的模式，变换语言的声调；④发问的技巧：训练、改善学生的反应，增强学生的参与程度；⑤分组活动的技巧：组织小型的学生小组，指导咨询，鼓励合作；⑥教学媒体运用的技巧：板书的设计，教具的使用，现代化教学手段的掌握；⑦沟通与表达的技巧：书面语言的使用，口头语言的表达，体态语言的运用；⑧结束的技巧：总结学习表现，提出问题要点，复述学习重点；⑨补救教学的技巧：学生的个别辅导，学生作业的指导[①]。除了教师的课堂教学技巧外，教师还具有指导

① 教育部师范教育司. 教师专业化的理论与实践[M]. 修订版. 北京：人民教育出版社，2003：63.

实验的技巧、指导论文的技巧、指导学生活动的技巧、与学生进行交流与谈话的技巧、家访的技巧、组织班会的技巧等各种技巧，教师掌握了这些技巧就能够提高教育教学的效率。

5.教师辅导学生学习的技巧

(1)培养良好的学习习惯。一位小学教师的经验是，在学习习惯方面，主要是要及时纠正学生们在听、说方面的不恰当的做法。如老师讲课、同学回答问题时，他们时常在教师还没有讲清具体题意的情况下就开始自顾自地发表意见。针对这种现象，教师可以对自顾自地发表意见的学生提出具体要求，例如，必须认真听完一个同学的回答后再举手，或补充，或纠正错误，并且举手时不得大声叫嚷；回答问题的同学不得重复别人说过的话；回答时，把一句话想清楚后再说完整。以这样的方式训练学生听、说的能力，效果不错。

(2)要给学生提供一个安静的环境。有一个班主任是这样管理的，如果有学生上晚自习不能很好地写作业而是玩和讲话，就让班长没收他的玩具：如果他在这个晚自习中表现很好，下课就会还给他；如果表现得不很好，这个物品暂时由教师保管，直到学生为班级作贡献或者为班级加分时再还给他。这是通过日常管理来约束学生的纪律。

(3)给学生布置恰当且利于发展的作业。有一位教师把所有的作业写到黑板上，然后规定作业的先后顺序和时间，免得学生磨蹭、拖拉。时间一到，他会派作业速度快、质量高的同学检查并收齐作业，从而保证了作业的质量和数量，提高了学习的效率。平时注意与家长保持一定的联系，及时和家长沟通情况，以便家长在家里督促孩子学习。对学习比较差的学生要进行集中辅导，给他们进行强化训练。对学生的字帖、作业要仔细地批改，并及时、认真分析记录，对好的学生进行表扬，对不好的学生进行教育。分类总结他们在作业过程中出现的问题，集中讲解存在的问题，针对有关情况及时改进教学方法，做到有的放矢。

(五)教师道德与人格的养成和完善

教师教育的根本目的是提高教师素质，这势必要求教师教育的内容或者说课程的设置必须与教师素质的基本内涵相适应。国内许多研究都列举了教师应具备的基本素质。但随着生活节奏的加快，社会竞争的加剧，人们的心理健康已经被提到一个重要的地位。作为教育人的教师则更应该具有健全的心理，具备完善良好的人格特征——这必须成为教师的一项基本素质，因为教师的人格不但影响学生的学业成绩，而且对学生的人格发展也会产生直接的影响。

当前对将来可能担任教师的大学生（主要包括师范院校的学生）的心理健康状况尚缺少有说服力的研究。在新闻中看到，有高校学生因各种原因而自杀，这从一个侧面反映出大学生的心理健康状况令人担忧。在在职教师中，近来也常有体罚学生、侮辱学生的新闻报道。可见，教师们（包括准教师）的心理现状不容乐观。基于此，在教师教育课程中增设心理教育和人格教育显得尤为必要。我们已经注意到，很多地区的中小学已经开始重视学生的心理健康教育，每校都有专门从事心理健康咨询的教师。但这些都是治标不治本的举措。要想从根本上解决学生的心理健康问题，就要解决教师的心理健康问题，要想完善学生的人格，先要完善教师的人格。

一般认为，教师的心理健康问题的产生与他们不善于沟通、缺少交流有很大的关系。教师的不良人格特征也往往是由于从小没有形成良好的人际氛围造成的，而良好人际氛围的一个重要的特征就是人与人之间有着良好的沟通与交流。所以说，在教师教育中增设“交往”或者“交流”课程是解决教师心理健康与人格培养的一个重要的途径。在美国，“交往教育”在教师教育中已经被广泛重视。他们认为，进行“交往教育”既可以提高教师的交往能力，为他们做好教育工作奠定基础，同时还可以为他们与其他人的交流创造较多的机会，在交流的过程中陶冶他们的人格。

有人提出了增加“交往”课程，塑造教师人格的设想。在教师教育中增加“交往”课程，要解决三个问题：教材、教法、教师。教材可以分为两个部分，一个是理论部分，即有关“交往”的理论，这需要有书面的教材，国内外一些相关的研究可以成为此方面的教材；另一个是实践部分，这不需要固定的书面教材。教法问题，在以前的教育中就已经积累了一定的经验，比如社会实践、演讲比赛、辩论赛、各种体育竞赛等，我们要做的是不仅要把这些活动列入正式的课程当中，还应该增加其他活动，如小型讨论、模拟课堂、与外校(班)联谊、参加义务劳动等。教师是三者之中最重要的一个环节,因为"'交往'是理解人类自身的精髓",对"交往"不理解的人是不可能教好这门课程的。它要求教师必须对"交往"有着深刻的、真正的理解,要求有深厚的文化功底,了解"交往"的历史,深谙"交往"在人类发展中的意义,使得他们在教学中能很好地引导学生进行各种交往,而不至于"交往"课程的设置流于形式。

教师完美人格的塑造与培育是不是只靠在教育内容中增设"交往"这门课程呢?当然不是这样。影响人格的因素多种多样,而且人格有一定的稳定性,还有许多影响因素不为人们所控制,需要靠其主观努力,甚至有一些是先天形成的。应该说,"交往"的学习只是塑造教师良好人格的诸多因素中的一个可以由人们控制的外部条件。学者邢少颖等人认为:"塑造教师完美人格的前提是主体性的形成,创设适宜的环境是其基础,加强教师个人修养是其保证。"可见,在教师教育中开设"交往"课程是塑造教师完美人格的基础。

教师是"人类灵魂的工程师",必须努力教书育人,教书是手段,育人是目的,在对学生、对国家高度负责的同时,要坚决履行教师的职业道德规范,处处为人师表,培养鲜明的个性心理品质,以自己模范的品行来教育和影响学生,为培养造就具有时代精神面貌的人才贡献自己的聪明才智。

教师的道德标准包括两个方面:一是教师的个性品德,包括教师的道德水准、心理健康、人际交往、个性倾向等;二是教师的职业道德,包括事业心、责任感、爱岗敬业、热爱学生、团结协作、进取精神等。其中,诚实正直、善良宽容、公正严格应是中小学教师基本的道德要求。

第八章　上好每一节课是教师的长期修炼

上好一节课是教师的一种职业理想，也是社会对教师的基本要求。要达到这个要求不是轻而易举的，需要教师长期的修炼。教师上好一节课的“好”又是无止境的，没有最好，只有更好，应该是教师的一种境界。这一境界的实现是教师终身的修炼过程。教师应该如何修炼呢？师范院校的学习与培训是一种基本方法，但随着社会的发展进步和教育对教师个性化特征的重视，教师的发展更多地要通过在教育教学岗位的实践来锻炼。也就是说，只有通过多样化的方法和途径，教师才能够修炼成功。

一、教师修炼是一个长期的过程

教师个体的发展，是指作为社会职业人员的教师从接受师范教育的学生，到初任教师，到有经验的教师，到实践教育家的持续过程①。教师个体的发展是教师发展的核心内容。这种发展过程是一个不断学习提高的过程，是一个不断遇到问题并不断解决问题的过程，是一个人的职业素养和内涵不断增长的过程，也是一个教师的职业理想、职业道德、职业情感、社会责任感不断成熟、不断提升、不断创新的过程，也是一个人发展为一个教师职业合格人员的过程。主要包括内化教师职业价值，获取教师职业手段，认同教师职业规范，形成教师职业性格等几个方面②。

内化职业价值，既包括对教师职业价值的认识，更重要的还包括对教师职业的选择动机。为社会做出特殊贡献的奉献型职业选择动机是我们应该提倡的。获取教师职业手段主要指从事教育教学工作所需掌握的知

---

① 王长纯. 教师专业化发展：对教师的重新发现[J]. 教育研究，2001（11）：45–49.

② 鲁洁，吴康宁. 教育社会学[M]. 北京：人民教育出版社，1990：448.

识技能：一是指承担学科教学的学科知识和学科教学技能，二是指从事教育教学工作需要的教育知识和教育技能。这里所说的教育知识，主要包括教育学知识，心理学知识，教学法知识等；教育技能，则主要包括向学生传授知识的技能，培养学生能力的技能，组织和管理学生的技能以及与学生交流的技能等。教师的职业规范实际上是指教师在教育实践中对待学生、集体、学生家长和自己等应该遵守的规范。教师的职业性格则是对教育工作者的一种特殊要求。当然，这种教师职业性格也是在教育教学实践中逐步形成的。

二、教师修炼的几个阶段

教师的修炼是一个多阶段的连续过程，要从基础教育阶段的基础训练、师范院校的专业教育、教育教学岗位的实践锻炼、职后的多样化培训等几个阶段入手，发挥每一个阶段在教师质量提高和维持中的独特作用。研究表明，中学优秀教师各种能力形成时间的分布，平均为大学前占21.95%，大学期间占12.74%，职后占65.31%[①]。可见，教育教学岗位的实践锻炼对教师质量的影响是决定性的。教师只有日积月累，注意点滴经验的总结和积累，才能具有丰富的经验。经验是教师素质的集中反映，在教师成长过程中，一方面要自己总结经验，不断反思逐步形成经验，另一方面要注意学习他人的好经验，使自己不断处于成长与进步当中。

第一，预备阶段——教师任教前的准备期。这一阶段的教师的特点是：富有理想和抱负，具备一定的理论知识和教学技能。存在的问题：不能合理分配自己的注意力，不能合理分配教学时间，不能机智地处理课堂教学事件等。教师在预备阶段的发展主要指的是教师在中小学学习阶段和师范院校学习阶段的训练和教育。这些阶段的基础训练是教师成为一个好教师的准备阶段。我们很难想象，一个没有扎实科学文化基础的人会成为一个学识渊博的好教师。

第二，适应阶段——任教初期。即实现教育系统社会化并学会做日常教学工作时期。一般而言指的是刚走上工作岗位的担任新教师的时期。这一阶段的教师的特点是：由浪漫的职业理想到复杂多变的教学现

① 陈永明. 现代教师论[M]. 上海：上海教育出版社，1999：186.

实；由实践知识和智慧的缺乏到教学应付策略的探求；由单纯的学生身份转向多重的教师角色。存在的问题：教材不熟，重点难点把握不准；教法不灵活；教学管理能力差；与学生不能有效交流；不了解学生需求；难以回答学生问题；不能善于处理偶发事件；教学材料缺乏；难以处理好与同事的关系；教学语言不流利；板书不规范等。

第三，迅速发展和稳定阶段——工作后2~6年。这一阶段的教师的特点是：专业信念逐步确立；实践知识和智慧逐渐丰富；专业角色逐渐形成。有人选取全国、省、市、县100名优秀教师进行调查，统计教师熟练教学技能形成的时间，12.8%的教师要3年，21.3%的要4年，28.7%的要5年，13.8%的要6年，8.5%的要7年，7.5%的要8年，5.3%的要9年，2.1%的要10年[①]。可见，对于大多数教师而言，在工作5年以后，基本上就具备了从教的技能。

第四，停止和退缩阶段——工作五六年以后。这一阶段的教师的特点是：职业理想的动摇与成长动机的低落；专业知识和智慧发展步入高原期；专业角色趋于模糊和丧失。因此，有人提出了"教师素质五六年定型论"的观点。当教师已经具备基本教学技能的情况下，教师会发生分化，有的持续发展成为优秀教师，有的处于高原期，而有的则不思进取而逐步走下坡路。有人则认为，只要不断努力，教师的质量会持续提高，并没有终止，教师的质量可以无限提高。有一位教师写了一篇文章，描述20年后回母校听课的情境，有些当时的青年教师已经成长为骨干教师、专家型教师，有些原来的优秀教师仍是原来的模样，既没有长进也没有退缩，而有些原来的优秀教师已经倒退了，比不上以前的教学水平了。

我们知道，教师的才能不可能在师范院校一次性的知识准备中完成，同样，对不少教师来讲，其职业生涯也没有给自己的专业成长提供合适的土壤和环境。在教育教学岗位，有的教师把自己发展的方向定位于如何教好教材，如何讲好课，如何尽可能地与课程标准的要求相一致。教师的"理想范型"为他们认识学科、认识师生关系和教学伦理树立了榜样。他们对照别人的行为方式和课程标准的要求审视自己的职业行为，课堂上滔滔不绝的讲授者、组织学生搞题海战术使其在考试中获取高分的研究者是他们的榜样。有些教师只知道学问本身，而不知教学过程本身是一

① 赵昌木. 教师成长研究[D]. 西北师范大学，2003：73.

门艺术、一门工程、一门科学。他们在这样的思想认识背景和环境背景下，一头扎进试题的“海洋”和考试主宰下的世界，摸爬滚打，几年、几十年之后，又是他们理想范型的“复制品”，或者仍处于职业的无意识状态，或者成为狭隘的经验主义者①。有些教师在行将退休的时候还不清楚毕生从事的职业究竟在追求什么，应该怎样去做。在实际的教学中，“仍然是直觉多于理性分析，充满了未经深思熟虑的做法和个人主观意愿上的选择和判断。”②学校只是学生发展的场所，而没有成为教师成长与质量提升的场所，教师的专业成长迷失于盲目性和非自主性之中。

教师在教育实践中的主体性参与，是教师发展的根本性动力。有人认为，一切教学活动都以课程标准为转移，教师的活动是强制性的、被动的，教师是课程标准的奴隶，处在课程边缘，是课程的附属品。因此，教师失去了创造的自由，这也意味着专业成长机会的丧失。在科学管理运动和进步主义教育思潮流行的社会背景下，教师成为被改革的对象，一方面通过编制课程指南详细规定每门课程每个阶段的教学活动要求，一方面运用教学活动记录对教师进行更严格的监督。这种对课程自主权的丧失，使教师失去了对学校和课程的归属感、认同感。教师普遍关心的是与考试相关的教学内容，很少考虑所教的学科知识在社会实践中的意义，更不去关心学校之外还有哪些可以开发的课程资源。这就将教学这一创造性的职业活动降低到一个毫无激情和创造性的重复劳动，严重地制约了教师的专业成长。

第五，持续成长阶段——度过高原期的教师。这一阶段的教师的特点是：教师信念的反思与重建；知识与智慧的持续增长；专业角色的不断调适。

课程的新发展，要求教师科学知识、人文知识和谐发展，了解自然和社会，既有知识积累，又有知识创新。如果丧失参与课程资源开发的机会，不去提高和训练学生的素质，把教师工作异化为教材的讲授，去培养考试的优胜者，使教师脱离了儿童的内心世界，脱离了教育的内在价值，脱离了教育的终极目标，这是教师职业的悲哀，不可能推进教师的专业成

① 李定仁，段兆兵. 论课程资源开发与教师专业成长[J]. 教育理论与实践，2005(6)：42–45.

② 陈永明. 现代教师论[M]. 上海：上海教育出版社，1999：183.

长，不可能升华教师的职业价值。

三、教师修炼的机制

教师要上好每一节课，就需要不断地修炼。教师的质量是如何形成的呢？我们认为，既然教师是多种素质的综合体现，教师素质的形成实际上是通过教师各个方面的综合提高而实现的。如果我们把教师的素质看成是教师的知识、技能、职业道德、观念等综合作用的结果，那么，教师素质的形成机制自然也是通过这些因素的相互影响而形成的。了解教师素质形成的机制，对于教师的培养、培训和管理都具有重要的意义。

（一）知识积累与理念形成——教师基本素质的形成

1.教师知识与理念结合的重要意义

教师职业活动是一种主要依靠观念、知识与方法而进行知识传授、技能训练、品德陶冶的专业活动，因此，知识起着基础性、决定性的作用。知识对于教师的素质和对于教师职业活动的影响比其他任何职业都更加重要。从教师素质形成的机制来看，首先在于教师知识的不断积累，并在知识积累的过程中形成教育观念。

2.教师知识类型与知识形成过程

教师的知识包括学科知识，即教师的本体性知识，也包括教育知识，即条件性知识，还包括实践性知识和一般的科学文化知识等。这些知识可以用现代知识理论加以深入分析。如果从现代知识理论的观点来看，教师的知识还包括其他类型。

现代心理学对知识进行了新的划分，将人类具有的知识划分为陈述性知识、程序性知识、操作性知识，其中操作性知识是程序性知识的一个重要方面。陈述性知识是指个人具有有意识的提取线索，因而能直接陈述的知识。这类知识主要用来回答有关世界“是什么”和“为什么”的问题，一般通过理解和记忆获得，与加涅学习分类中的言语信息相一致。程序性知识是指个人没有有意识的提取线索，只能借助某种作业形式来间接推测其存在的知识，它主要回答有关“怎么办”的问题。它也是一套办事的操作步骤，在本质上，由概念和规则构成。程序性知识又分为两个亚类：一类为运用概念和规则对外办事的程序性知识，加涅称之为智慧技能；另一类为运用概念和规则对内调控的程序性知识，加涅称之为认知策略。由于动作技能也是按照某种规则办事的能力，因此也属于程序性知识[①]。教师具有上述两种知识。近年，教师教育课程开始关注活动课程、选修课程和地方课程，也就是说教师教育课程更加个性化，更加重视操作和实践活动。

20世纪70年代开始，"本土知识"逐渐引起人们的重视。教育改革的推进使本土知识合法化地逐渐列入议事日程。虽然人们对本土知识有不同的定义和理解，但本土知识的基本含义是确定的。毛里尔（Maurial, M.）认为，"本土知识是本土人民在某一地区与自然的相互作用过程中所形成的认识和智慧结晶"，认为本土知识具有"地方性"、"整体性"和"口头性"。瓦伦和迈克基男将本土知识与"学校知识"或"学院知识"相对应。本土性知识实际上是一种"地方性知识"，是教师关于本地、本校、本班学生以及教育教学情境的知识。教师教育中对实践活动的重视，对教师条件性知识的重视，为本土知识进入教师教育课程提供了极好的条件[②]。正是本土性知识的存在和具有的价值，促成了教师实践技能的提高。

1958年英国物理化学家和思想家波兰尼在《人的研究》一书中提出：人类有两种知识，通常所说的知识是用书面文字或地图、数学公式来表述的，这只是知识的一种形式，还有一种知识是不能表述的，如果我们将前一种知识称为显性知识的话，那么我们就可以将后一种知识称为缄默知识。在当代知识理论中，人们将这种不能清晰的反思和陈述的知识称为"隐性知识"或"缄默知识"，将那些能够明确反思和陈述的知识称为"显性知识"。实际上，这种只可意会不可言传的知识在人类知识的历史上长期处于一种受压迫的境地，可以说是知识王国的"流放者"[③]。长期以来，知识领域存在着严重的伦理不平等的问题，显性知识在长期的学校课程体系中无可争议地占据主导地位，而隐性知识则"流放"于可有可无的人们的无意识世界。而实际上，隐性知识对于儿童的生活及认识具有基础性

① 皮连生. 教学设计——心理学的理论与技术[M]. 北京：高等教育出版社，2000：28.

② 李定仁，段兆兵. 校本课程开发：重建知识伦理[J]. 教育研究，2004(8)：41-46.

③ 石中英. 知识转型与教育改革[M]. 北京：教育科学出版社，2001：222.

作用，是儿童显性知识的"向导"和"主人"[①]。传统教师教育课程，实际上存在着对缄默知识的忽视。对教师经验的重视，实际上是对教师缄默知识的重视，也是对教师个性的尊重，为教师个性化学习和个性化教学提供了便利。对隐性知识价值的尊重，实际上是一种对"实践教学"的尊重，是对教师教育教学行为的改变或重塑，这不仅是一种训练、规范或约束的外在过程，而且也是一种认识、理解与重构其内在教育知识基础和信念的过程，是对教师个性与个性化知识的解放。

以皮亚杰、布鲁纳、维果茨基为代表的建构主义思潮对现代教育教学产生了重要影响。建构主义理论认为知识是建构的，也是个性化的，只要承认知识的建构性也就承认了知识具有个体性，建构的知识与确定的知识都是存在的。这就使我们更加容易认识到知识学习与实践能力培养的重要意义，也为个体知识与一般知识的共存提供了伦理依据。可以说，一般知识与个体知识的关系就是直接经验与间接经验的关系，别人的知识与自己的知识的关系。我们知道，不论是行为主义还是认知主义，都属于客观主义认识论范畴[②]。他们把知识看作是对"客观实在"的摹写或反映，知识的真理性是由其与"客观实在"符合的程度决定的，知识因而是客观的。由客观主义知识观必然派生出决定论的知识观和还原主义知识观。科学就成了知识的典范和代表，成了"真知识"、有价值的知识，这种知识也将是"价值中立的"。这种知识观指导下的教学活动必然是客观知识的传递过程，教学必然也是遵循客观规律，按照严格步骤和程序进行，学生也必然是被动的接受知识，教学也就成了对学生的控制过程。建构主义认为知识是个体建构的，知识内在于人的心灵之中，而不是外在于世界之中，科学知识也带有偏见并经过人价值观念的过滤，并非"价值无涉"。知识是在人的心灵与外界客体相互作用的过程中从内部生成的，人的心灵具有自觉能动性，学习也就成了主动建构的过程，是对知识和现象不断解释和理解的过程，是对已有知识体系不断进行再改造、再加工以获得新的意义、新的理解的过程。建构主义使教学成为人的解放的过程，在这个过程中，学生是知识建构的主体，通过知识建构不断提升自身的意义和价值。建构主义知识观对教师个人知识价值

① 石中英. 知识转型与教育改革[M]. 北京：教育科学出版社，2001：238.

② 张华. 课程与教学论[M]. 上海：上海教育出版社，2001：467.

的确立提供了有力的说明。根据教师的兴趣进行个性化课程建设,也是对教师人格的尊重,体现了以人为本、个人本位、人性化的现代精神,有助于教师个性化教学风格的形成,有助于实践性教育家的产生。

3.教师知识的转化模式

教师的知识可以相互转化。下面就以显性知识和隐性知识的转化为例来加以分析。根据浓卡(Nonaka)和特迪奇(Tadeuchi)的知识转化螺旋理论,知识创造和传播的过程划分为4个阶段:

(1)社会化。即隐性知识到隐性知识之间的转化,主要通过观察、模仿、亲身实践等形式实现。在此阶段,教师可以利用电子社区、电子邮件、群件、讨论组、即时消息、专家定位系统等来实现自己隐性知识的社会化。

(2)外化。即隐性知识到显性知识的转化,是产生显性知识的过程。主要通过类比、暗喻或假设的形式实现共享。此阶段,教师可利用文档工作流、内容管理、搜索引擎和全文检索、数据库和在线分析、数据挖掘和知识挖掘等,使自己的隐性知识显性化。

(3)组合化。即显性知识到显性知识的转化,它是使零散的显性知识片段组合为系统的、可利用的知识构架的过程。主要通过建立知识地图、分类存储、构建个人知识库等方式来实现。教师可以利用知识库联网、异构数据库搜索、数据仓库等把零散的知识系统化。

(4)内化。即将显性知识转化为隐性知识,主要通过亲身练习、试验、实践等形式实现。促使显性知识转化为隐性知识是个人知识管理的主要目的。教师可以通过电子社区、电子邮件、讨论组、即时消息、传统教学等,把自己获得的理论知识内化为个人知识①。

这几种知识转化模式实际上是教师质量形成的模式,对于我们促进教师质量的提高具有重要启发意义。我们应该掌握教师知识转化的原理,促进教师知识的转化,培养高质量的教师。

(二)技能与理念的结合——理念的技术化

教师掌握了知识,具备了教育理念,并不意味着教师已经达到了高

① 赵铭建.信息教育与个人知识管理能力的发展[J].聊城大学学报:自然科学版,2003(4):57-59.

的素质，也不意味着教师的知识越多素质就越高。教师的知识和理念还需要转化为教育教学的智慧和技能。只有理念转化为技术，或者在教师的任何一项技能的使用和发挥过程中，用理念加以引导和规范，才能达到教育教学的科学有效。失去了理念的引导和规范，教育教学就有可能失去明确的方向，就有可能以巨大的付出获得教育的低效、负效。

理念的技术化一般要经过几个环节。首先，理念本身的成熟、简单化、结构化、具体化。理念的成熟，是说一种理念是能够让人信服的，是有说服力和有道理的，是具有可传播性的，在逻辑上、伦理上是正确的、进步的、人性化的；理念的简单化，是说成熟的理念必须是简单的，是易于理解和掌握的，具有明确的要求；理念的结构化，是说理念必须是经过组织的，是系统的、完整的，而不是零碎的、片段的、个别的；理念的具体化，是说理念也应该是具体的，可操作的，有针对性的。一方面，成熟的教育理念不仅是抽象的，而且有清晰而具体的内容，不是含混、模糊的；另一方面，成熟的理念也是具有操作性的，是能够在实践中发挥作用的，只要掌握了教育理念，就能够按照其要求进行具体的教育教学工作。其次，理念发挥了作用，为教师所掌握，所认同，所接受，所信服，变成了教师的信念。只有这样，理念才可能实现与实践的结合，也就是说，理念具有了与教育教学活动联系的可能性。最后，理念转化为技术，也就是说，理念转变成为具有教育精神的教师的知识、技能，也就是教师在理念的指引下，开展与理念相一致的教育教学实践活动，化理念为行为。

具有不同教育理念的教师就有可能表现出不同的质量。同样是教育教学，但对教育教学的价值追求不同，对教育究竟应该做什么的理解不同，对待教育、教学、学生，对待教学过程、教学质量、教学评价，对待具体的某件事、某个学生的态度、方法就会不同，从而产生的教育效果可能就完全不同。也许，在追求知识积累的过程中，暂时看不出成绩的高低之差异，但不同的教师对学生发展的作用和长远的影响可能是完全不同的，有的教师可能对学生的终身都产生深远而正向的影响，从而使学生终身受益无穷，有的教师只是学生在学习生涯中遇到的一位年长者而已。

(三)知识技能与个性的结合——个性化教学风格的形成

教师的素质还表现在教师的个性化教学风格的形成方面。教师具有不同的专业背景、受教育状况,具有自己的生活经验,教师的价值观、知识观、学生观、发展观等都会影响他们对教育教学的认识水平。每一位教师都有自己的认知策略、思维习惯和工作方式,有自己的生活经历和教育背景,有对事物特有的看法,有自己的经验、兴趣、爱好、专长和个性特征,在教学中也有不同的风格。教师的教育理念可能不同,教师的方法、手段更会不同,教师的语言、个性、情感,具体的教育教学行为,都体现出自己个性的特点。因此,要强调发挥教师自己的长处,展现教师个性化的教学风采。

知识、技能与个性的结合,也就是教师教学风格的形成,要经过以下几个环节:首先,教师要具备一定的知识与技能,例如具有学科专业知识与技能、教育专业知识与技能、普通的科学文化知识与技能,还要具备实践性知识与技能,这是个性化教学风格形成的基础;其次,教师要具有鲜明的个性,有不同于他人的认知风格、情感特征、意志特征和个性倾向性,就是说有独一无二的人格特征,这是个性化教学风格形成的另一个前提;最后,教师要能够把所掌握的知识、技能与个性化的人格特征紧密结合起来,以自己的人格特征去理解知识、掌握技能,从而产生教育教学的行为,同时,把自己所掌握的知识与技能以个性化的形式表达出来、展现出来。先是对别人的行为方式的模仿和欣赏,然后是对别人的行为的分析和鉴别,再是对别人的行为的批判和“扬弃”,然后是自己的行为模式的逐步形成,最终形成个性化的教学风格。

如何通过教师个性化教学风格的形成,实现教师的质量稳定和提高?应该注意以下几点:一是要最大可能地发挥教师的积极性、创造性,发挥教师的专长,做到人尽其才,使每一个教师都能发挥应有的作用。二是每个教师要根据自己的特点,最大限度地挖掘自己的潜能,形成自己与众不同的风格,具有自己的个性。三是教师也要学习别人的好经验,分享他人创造性的成果,取长补短,学习现代教育思想和教育技术,成为不断成长进步的新型教师。四是要注意发挥教师集体的教育合力，培养合作精神和团队精神。不仅要发挥每个教师的主动性，也要发挥学校教师集体的作用。只有教师团结协作，共同参与，才能有鲜明的学校特色。

（四）知识与实践的结合——创造性实践者的成长

教师的知识包括本体性知识、条件性知识、实践性知识和一般性知识，这些知识有些本身就是实践经验的总结，有些是实践本身。但这些知识要发挥作用，就必须与实践结合，这是培养创造性实践者也就是专家型教师的重要环节。

创造性实践教育家的形成是一个多阶段的过程，这一过程的完成要经过以下几个具体步骤。一是教师知识的不断积累和完善，也就是说教师要不断学习，掌握结构完整、科学合理、丰富多样的知识体系。按照现代心理学的原理，所谓的操作性知识、程序性知识实际上就是教师技能。因此，这里的知识本身就包含了我们日常所理解的知识和技能等要素。教师要成为实践教育家，首先要掌握一定的知识体系。二是教师要运用已经掌握的知识和技能进行教育教学活动，也就是说，教师的工作不是盲目的，而是与教师的学科专业知识、教育教学知识紧密结合在一起的，知识成为实践活动的依托和基础，实践活动成为丰富知识、验证知识、巩固知识、优化知识的重要途径。在这一过程中，教师的知识会更加丰富、完善、巩固，教师的实践由于科学知识的作用而更加理性、科学、合理和有效。三是教师要从仅仅利用知识进行实践的低层次走向不断创造新教法、新模式、新知识的高层次，使自己不断进步，从一个合格的教师转变成为创造性的实践教育家，能够灵活运用知识，解决教育教学实践中的问题，不断丰富教育理论和教育方法体系，创造新的独特的教育教学模式和方法，为教育教学提供可以参考的经验。

教师要成为创造性的实践教育家，就必须不断学习、不断实践、不断反思、不断创造，离开了任何一个环节，都不可能实现这些目标。同时，教师要注意积累经验，在实践中运用智慧去解决问题，在解决问题中积累经验，不断反复、不断提高，最终实现教师质量的持续提高和专家型教师的养成。

四、在批判性教学反思过程中修炼

教学反思研究的兴起与“以反思为主题的教育”的迅猛发展存在着内在的联系。20世纪80年代,在美国、英国、澳大利亚出现了强调培养教师教学反思能力的教育思潮和教育实践[①②],在这一思潮涌动的背后是教学观、教师观、教师发展观等基本理念的革新。教学观与教师观的变化带来了教师发展观的变革。从发展的动力来看,教学反思理念的坚持者认为,教师专业发展的有效动力主要来自于教师,教师既是目标的确立者和发展动机的激发者,也是自身成长计划的设计者、执行者和调控者。从教师发展的形式来看,教育理论知识的灌输,并不能真正解决教师教学行为的改善问题,它只有通过教师积极有效的教学实践和反思活动才能转化为个人化的实践知识,所以促进教师专业发展非常重要的一点是教师参与式的学习和培训。美国心理学家波斯纳提出了教师成长的公式:成长=经验+反思。该公式体现了教师的成长过程应该是一个总结经验、捕捉问题、反思实践的过程。如果一个教师仅仅满足于获得经验,而不是对经验进行深入思考,那么,即使有20年的教学经验,也许只是一年工作的二十次重复,教师只有善于从经验中反思,吸取教训,才能将经验上升到一定的高度,并对以后的教学行为产生影响。

教师只有积极地自我反思与实践,并将实践与探究融为一体,才能促进教育教学观念、行为和能力的实质性提高。

(一)批判性教学反思的含义

著名反思性教学研究者杜威认为,反思是“对于任何信念或假设性的知识,按其所依据的基础和进一步结论而进行的主动的、持续的和周密的思考。”[③]由此认为,反思以一个不确定的、存在质疑的、困惑的阶段开始,以最终掌握解决疑难问题、发现和解决矛盾的方法为目标。Dewey认为,反思性教学思维的发展中暗含博学的、对特定的情况和人产生

① 刘加霞,申继亮. 国外教学反思内涵研究述评[J]. 比较教育研究,2003(10):30-34.

② 吴支奎,王守恒. 教学监控能力:教师反思性实践的重要维度[J]. 内蒙古师范大学学报:教育科学版,2004(9):124-128.

③ DEWEY J . How we think[M]. Massachusetts : Heath , Boston ,1993.

积极的响应的倾向。在这些倾向中最重要的是开放性思维、责任感和全心全意。Schon研究表明，教师无论其所具有的年龄和教授的学科是怎样的，都可就他们对于未得到公开合理阐述的状况及问题的应答的恰当性作以判断[1]。按照Schon的观点，反思性教学涉及教学实践过程中处理复杂、不确定、不稳定和特别状况的策略和技能的发展。理解教育背景的复杂性的过程，Schon称之为“行动中的反思”。因此，教学并不仅仅是一系列技能的、固定的、有计划的活动，而是一种艺术。同样，它是一种直觉的、创造性的、表演性的行为和一种需要批判性思维，以发展良好的教学实践的具有理论指导的道德事业。反思性教学思维的对立面就是不对教学实践进行思考和验证。反思性教学要求教师具有一定的学识和能力，包括批判性思维、自我定位、问题解决策略和创造性思维，即个人学识、自我感知和对于课堂环境的感知能力。进行反思性教学的教师具有以下能力：探寻原因，信息灵通，利用有利资源，寻找可变性，综合考虑他人的观点。

综上所述，教学反思是指教师对教学活动所关涉的种种问题进行多视角、多层面、反复、深入、认真地审视与思考的过程与行为。在教学反思中，教师通过不断反省教学行为，澄清教学信念，变革教学生活，塑造教学风格，从而提高教学效率和个人的教学能力。因此，教学反思既是教师教学生活的重要方面，也是教师教学能力提高的重要策略。

（二）批判性教学反思的内容

反思内容是教学反思内容的载体，主要指已经发生或正在发生的教学活动或支持这些活动的观念和假设。根据反思的向度，教师反思的内容至少应包括以下几个方面[2]：

1.分析、考虑与教师自身发展、素质提高相关的一些因素

对教师专业知识能力的反思，是教师反思内容的重要组成部分。教师的专业知识一般可分为三个成分：本体性知识、条件性知识以及教育情

---

① CARR W, KEMMIS S. Becoming critical : education , knowledgeand action research[J]. London：1987.

② 梁亚兰. 对反思性教学的几个问题的思考[J]. 怀化学院学报，2008(5)：165-166.

境知识。本体性知识指的是教师所具有的特定的学科知识，如语文、数学、英语知识等。条件性知识是关于教育学、心理学等教育科学知识，通常教师们会在师范院校和在职培训中掌握。教育情境知识则比较复杂，它是教师在不断变化的教育环境中，由教育经验提供的应对教育事件的实践知识。它体现了教师的经验、思想、人格等方面的特征，是一种个人实践知识，具有明显的经验性成分，是教师教学经验的累积。因此，教师对自己专业知识的反思更多地应是将这三种知识相结合进行反思，通过反思在三者之间构建一座桥梁，促进三者之间的相互理解，从而更好地运用这三种知识，促进自己的专业发展。对专业知识的掌握并不完全等于教师教学行为的形成，还需要教师将其转化为专业能力。教师的能力则主要包括教育能力、教学能力、管理能力、研究能力、交往能力、信息能力等，而能力则往往以行为的方式表现出来。

2.教师的教育教学信念

一名反思型教师决不能仅仅将自己的反思内容局限于对教学行为的反思，他更应该去反思行为背后所隐藏的教育信念，对教育信念的反思也是教师反思的一项重要内容。教育信念是教师行为的前提，是行为的导航灯，可以说有什么样的教育信念便会导致怎样的教育行为。教师的教育信念若不改变，无论是新课程还是新方法，都将得不到真正的贯彻和落实。因此，教师在反思自己的教育活动时，除了多问自己“我应该怎样”，还应该多问自己“为什么会这样”，对自己的教育信念进行反思。

除了从宏观的方面确定反思的内容外，还可以从微观的层次对教学进行反思：①反思课堂教学，思考的内容主要是分析、评价教学活动本身的利与弊，以及影响教学活动的因素，包括教学内容重点、难点的分析，教学方法、策略、教学技巧的运用等。②反思学生发展，分析、考虑与学生发展、能力培养相关的一些因素。可分为三个方面：其一，关注学生的学习成绩和各种能力的培养；其二，关注学生学习兴趣以及学习方法的培养；其三，关注学生健全的心理、人格发展。③反思人际关系，包括教师如何与学生形成和谐的人际关系，以及如何与学生家长相处，共同教育、培养好学生，也包括同事之间的和平相处。④反思教学设计问题，实际的教学进程和效果有时是与教学设计的意图相一致的，但也难免产生两者不相统一的现象,教学反思中捕捉这类事件,无疑有助于完善日后的教学,积累教师自己的教学智慧。⑤反思教学效果问题,教学是不是达到了预期的教学效果,学生的行为等是不是产生了预期的变化等,是教师在反思时需要着重把握的问题。教学总是有一定的目标指向的,总是要达到一定的知识、情感等方面的要求的,反思需要围绕这些内容展开。

(三)教学反思的过程和特征

1.教学反思的过程

(1)反思现状,发现问题。反思的起点是教学现状,反思的问题是教师在实际工作中遇到的问题,教师通过回忆教学情景,观看自己的教学录像,向专家或他人征求意见,检查学生作业等方式,从中发现和选择特定的问题加以关注,并从可能的领域收集更多的相关资料。当然,教学中存在的问题是形形色色的,反思性教学要求教师对自己或其他人发现的问题反复论证,以便准确地把握。这一过程,特别有利于增强教师发现问题的能力。

(2)分析问题,制定方案。教师在发现问题之后,要进一步分析问题,即问题是真问题还是假问题,是个别问题还是普遍问题,是感性问题还是理性问题。一般来说,应当选择真问题而不是假问题,选择理性问题而不是感性问题。至于是选择个别问题还是普遍问题,取决于教师进行反思性教学的目的。如果仅是为了自己解决教学中的困难,可选择个别问题,如果是为了创立理论,可选择普遍问题。在此基础上,教师需要运用先进的教育理念,并凭借已有的教育经验,对问题产生的条件进行全面的分析,包括所采用的教学理念、方法、策略,学生的基础和背景,以及学校与社会环境等因素,从而搞清问题存在的根源,总结经验,探索并制定可行的教学方案及具体的实施措施。

(3)实施方案,进行教学。教师按照既定的方案教学,仔细观察教学过程,检验计划方案的可行性,并全面收集证实或证伪假说的材料,以便分析与进一步改进教学方案,是这一环节的主要任务。要顺利完成这些任务,教师应清楚地意识到:一是这个环节实际上是进行教学实验,是假说证实与证伪的关键,因此教师要有实事求是的态度与认真负责的精神;

二是尽可能收集反映教学情况的第一手资料，如通过课堂录像、检查作业、问卷调查、开座谈会与个别访问等获得信息。

(4)分析结果，总结经验。一个相对完整的反思性教学周期并未就此结束，教师应对自己教学过程、教学结果等方面的资料进行深入分析，对教学理念以及教学所处的组织和社会环境等各个方面进行全面的分析与反思，并在分析得失的基础上，总结经验，发现新的问题，从而进行下一个周期的反思性教学。经过这样若干次的循环，才能形成相对固定的教学方案。

在以上四个环节中，反思最集中体现在反思现状、分析问题阶段，但在实际的反思性教学过程中，反思是贯穿于每一个环节的，而且这四个环节往往前后交错[①]。

2.教学反思的特征

由于课堂教学三阶段教学反思的发生时空和目标等方面存在差异，不同阶段的教学反思体现出不同的特性。

(1)课堂教学前教学反思的特性。教学反思虽然要回顾过去，却是面向未来的，面对即将走上的讲台，教师须问问自己“我还能怎样做”。这个问题一经提出，就意味着教师个人超越自我的意识的出现，教师必然会寻求更恰当的选择。在这个过程中，教师首先要研究原有的问题是否已经较好解决，如果已解决，教师则应针对尝试改进的成功方法，主动寻求进一步强化的方式和手段，以巩固自己已经形成的好的教学行为，防止原有问题再次出现。如发现又出现新问题，谨慎地追问新问题的实质，针对新问题再次尝试另外的教学方法或其他的改进措施。反思是一种催人奋进的手段，更是对自我的勇敢挑战，挑战就必须超越。教师回顾以往的教学总会发现一些不尽如人意的地方，那么，存在问题就整改，发现问题则深思，找到经验就升华，所以教学反思的真谛在于教师要敢于怀疑自己，敢于和善于突破、超越自我，不断地向高层次迈进。由此可见，课堂教学前的教学反思具有前瞻性、创新性和超越性等特点。

(2)课堂教学中的教学反思的过程和特性。课堂教学过程中的教学反思是发生在教学活动进行中的，课堂教学中的情境瞬息万变，情况错综

① 张强强，张立昌. 试论反思性教学的特征及其实施[J]. 当代教育论坛，2007(7)：42–43.

复杂，随时有可能发生意料不到的各种偶发事件，这就需要教师正确而迅速地做出判断，根据课堂中出现的情况及时调整自己的教学方案，并当机立断做出决策。这种及时的情境处理通常靠直觉来完成，是教师在教学过程中所产生的一种思维飞跃和认识的顿悟。课中教学反思发生在课堂教学过程中，是教师本人由于师生互动、学生反应等课堂教学情况的激发而主动产生的，其直接目标是为了保证教学活动的顺利进展。我们可以看出，课堂教学中的教学反思具有调控性、偶发性、直觉性、个体性和同步性等特点。

(3)课堂教学后教学反思的特性。课堂教学后的教学反思是对已经在课堂教学中实施的言论和行为进行反思，然后取得进步和创新。任何进步都离不开以往的观念和行为，以往的观念和行为中合理、积极、有效的成分是课后反思的源泉，也是对以往知识和经验的延续。课堂教学后教学反思的目的是为了更好地总结教学的成功经验和失败教训，一步步地从感性走向理性，从实践上升到理论，从经验上升到规律，从而达到孔子所说的"随心所欲不逾矩"的境界。而这个过程，必然要伴随着对反思对象的再认识和再创造。教学反思的过程其实就是教师对自己的教学实践进行理性探索的过程，而探索的过程就是对自己的教学实践重新审视，重新理解，重新优化。课后反思回顾和审视整个教学过程和教学效果，教师通常持有一种积极、健康的怀疑和批判精神，有较强的问题意识，能够排除定势思维和行为的传统惯性，尤其是敢于否定自我，对自己的教学活动进行持续的评价和改进。教师在批判中有效地控制自己的行为，使自身的教学行为在自我批判中变成一个不断发展的、螺旋上升的过程。可以说，没有探索，就谈不上反思；没有探索的反思，只能是空洞的反思。概而言之，课堂教学后的教学反思体现出延续性、发展性、探索性、批判性和整体性等特征。

(四)教学反思的方法与手段

1.教师反思的方法

(1)阅读反思。指的是通过阅读丰富的资料，深刻领会教学设计与过程，为反思自身建立一个支点和参照系，也就是建立一个与自己比照的对象。阅读反思被人们认为是教育者反思的基本方式。教师可以阅读的文献是十分丰富的，如学生的作业，这是教师必须经常阅读的，只有阅读作业，才能发现学生作业反映出来的教育效果和学生学习的状况，教师可以根据作业诊断教学，不断提高教学效果。教师可以阅读教学参考书和优秀教师的教学案例和课例，它是教育研究专家组织编写的供中小学教师教学使用的重要材料，通过阅读它，教师可以学习特级教师、专家型教师教学的设计和对课程内容的解读，获得具有重要参考价值的教学方法。教师可以阅读教科书，这是教师教学和学生学习的基本材料，只有认真研读教科书，教师才能吃透教材，才能搞好教学。教师还可以阅读教育理论文章，通过阅读，掌握现代教育观念，可以比较先进的教育理念与自己的教育观念和方法的差异，从而形成新的教育认识，获得教育思维。要形成教师的实践性教育思维，教师不仅要进行深入的实践，还必须对实践本身进行反思。

(2)录像反思。指的是在教学的实践活动中先构思课堂结构，提出教学设想，并将自己依构思和设想运用课程资源组织教学活动的实际场景和全过程进行录像。教学活动结束后，与其他教师一起观看录像资料，进行讨论，发现存在的不足，提出进一步改进的意见和措施。长期坚持下去，教师的专业水平就会得到提高。这种方式适用于条件较好的学校。随着现代教育技术的发展和在教育活动中的应用，人们可以通过录像的形式，把自己教学的场景录制下来，在课后观看和分析，发现教学中存在的问题，并有针对性地改进。只要坚持，教师的教学技能水平就会得到不断提高。

(3)写作反思。指的是教师通过写作的方式系统反省自己的教学，既可以对自己的整个教学生涯进行梳理，明确收获，发现存在的问题和困惑，将自己对教育的认识与自己的教学实践进行对照，从而获得认识上的提升和实践方面的提高，也可以对某一项具体的教学实践活动进行反思，写成败、得失，写出真实的感受，以达到思想和方法上的升华。这种反思也可以通过教师集体活动的方式来进行，教师相互观摩彼此的教学，详细地描述他们看到的情景，在此基础上讨论分析。

教师可写的材料类型很多，教师可以写工作总结，这是教师每年年末、每个学期结束前都要做的常规性工作。写工作总结，实际上是教师对自己一个时期教育工作的回顾，既要回顾取得的成绩，也要回顾存在的问题和不足，还要分析问题的原因并对未来作出预测，提出奋斗目标和努力的方向。教师写作的过程就是对教育实践的重新思考的过程，在这个过程中，教师也在进行深入的思考，写作是教师实践和思考的结合，必然会促进教师实践性教育思维的形成。当然，教师还可以写作教育案例、写理论文章，可以叙事，也可以议论，可以分析，也可以综合。总之，写作的确是教师实践性教育思维形成的重要而有效的方式。

(4)研究反思。应与前三种方式紧密结合，指的是教师为提高对所从事的教育实践活动的理性认识，为加深对实践活动及其依赖背景的理解所进行的反思，特别是批判性反思更具有研究的特性。研究反思中，教师作为实践者也作为研究者，在行动中解决自身的问题，实际上是一种行动研究的过程。在此基础上形成派生的或意识形态的反思，即进行有意识的主观活动，最后实现由解释性反思到创造性反思的转变[①]。研究反思过程中，教师首先要发现研究的问题，这些问题一般应该是教师日常教学活动中经常遇到的问题。发现问题之后，要通过调查等途径，了解问题的表现，寻找问题的根源，在此基础上，找到解决这些问题的方法，并付诸实施。

(5)交流反思。在时间和条件允许的情况下，教师应该加强与同事间的交流对话。因为反思活动不仅仅是一种个体行为，它更需要群体的支持。教师也可以和同事提出自己在教材解读、教材处理、教学策略、学生学习等方面遇到的疑点与困惑，请大家帮助分析、诊断、反思，并集思广益提出解决办法。这样合作反思、联合攻关，可达到相互启发、资源共享、共同成长的目的。这种观摩式反思分析，可以使教师从他人的教学中得到启发，教学水平得到提高。

教师还可以通过网络交流来进行反思。现代网络技术的成熟和普及，为教师的交流反思提供了新的手段。在教师网络论坛中，来自大江南北的老师们可以消除地域屏障、学科分界、身份高低，平等地交流自己的思想、做法和困惑。目前在全国有很高知名度的网站“教育在线”，就是教

① 陈向明. 质的研究方法与社会科学研究[M]. 北京：教育科学出版社，2000：462.

师们很好的交流平台。

(6)观察反思。它要求教师相互观察课堂教学,通过观察课堂教学的计划、课堂组织、时间安排、学生对学习任务的完成情况以及学生参与课堂活动的情况,课后进行交流,获取无法靠自己感受直接获得的信息。教师应交流、捕捉彼此教学思想的亮点,作为经验指导自己的教学实践,这不仅有利于促进教师教学能力的提高,更有利于促进教学思想的形成。

2.教师反思的手段

根据Smyth的理论,教师应该参与四种形式的行为来改变束缚他们的教学方法和工作环境,分别为描述、告知、面对和重建。

描述——教师提出问题的阶段,"我做什么"。教师在对于自己的行为进行反思的过程中,对成为实践特征的知识、信念以及原理进行描述。教学被视为以教师的语言写成的文章。

告知——引导问题起始的阶段,"这意味着什么"。教师对可以告知他们教学活动所涉及的小范围的、解释性的、局部的理论进行揭示。当教师对课堂事件进行描述、分析、推断时,他们也就创造了自己特有的教学理论。这些主观理论可以帮助他们明白学校和社会正在发生什么,并且为下一步行为进行指导。

面对——教师对问题产生应答的阶段,"我是如何变成这样的"。教师假设意见、价值和信念的结构,以及社会和机构力量是如何对他们产生影响的等问题进行探究。

重建——教师回答问题的阶段,"我怎样可以做得与众不同"。教师此行为的目的就是解释和批判存在于特殊教学实践与其所在的更为广泛的文化和社会背景间的压力和矛盾。这种社会化重建观点的主要特点在于其作为集体活动的反思,并且在这种集体活动中教师之间可以互相支持他人的观点。

尽管教师已经尝试着努力改进反思性教学课程,但是仍可能存在很多不足。斯克斯认为,这些不足产生的原因主要有几个方面:①人类感知过程的局限性——假设教师将基本的、有限的认知过程应用于学校日常工作之中。②教学工作本质——教学被视为一种不稳定的、模糊的活动,此种活动无法证明反思活动的系统性。③教师社会化培训——职前教师需要接受约定俗成的传统教师教育课程培训，而此种课程的设置是以技术专家的传统思维为基础的。④教学内容传统性——学校工作不支持提问。

教师专业发展就是教师个体专业水平的提升，即教师质量的提高。它不同于过去在职教育或教师培训，教师专业发展关注教师对实践的持续探究本身，把教师看成是一个成人学习者，一个反思实践者，一个具有缄默知识基础的人，一个对自己的价值和与他人的协调实践关系不断进行反思和再评价的人。教师专业发展的内容是教师专业特性。教师专业发展是内部专业结构的成长与改进，而不是教师职业阶梯的攀升。与其他专业相比，教师专业具有特殊性，是个双专业，既有学科专业，也有教育专业。教师专业发展不仅是学科知识的积累，也不仅是技能的熟练，而是包括一切与教学活动相关的知识、技能、能力以及情感在内的综合素质的提升。教学不仅需要传统的专业知识，还需要探究意识、反思能力、合作能力和实践智慧。这样，反思性教学就成为十分重要的教师质量提升的新举措、新途径。

教师专业发展是教师成长的结果，也是教师成长的过程。作为一种结果，是指教师达到专业成熟的水平。专业成熟是指教师能够信守自己的教育理想并为之努力，具有专业知识技能，参与专业决策，承担专业任务，能容忍压力，有较强的适应性，具有从多角度观察、分析问题的能力和应用多种模式进行教学的能力。作为一个过程，是指教师为达到专业成熟而进行的持续不断的发展过程，这个过程是一个持续教师整个职业生涯的无止境的过程，是一个非线性的过程。其实，教师专业成熟是没有标准的，从当前来看，教师专业发展实践的重点应该放在过程上。期望所有的教师在比较短的时间内达到专业成熟的水平是不可能的，我们可以期待一个现实的目标就是让所有教师都能在原有的基础上有所提高，并有意识地朝着专业成熟方向前进。教师是专业发展的主体，即教师拥有专业发展上的自主权，具有自我发展的意愿和动力。教师的专业发展有赖于教师以自身的经验和智慧为专业资源，在日常的专业实践中学习、探究，形成自己的实践智慧。没有教师的主动参与和主动发展，就没有教师专业发展。同样，没有教师的批判性自我反思，教师也不能实现专业的发展和质量的提升。

五、在理论与实践的结合中修炼

教学理论研究的价值在于指导教学实践，但从教学理论与教学实践的关系来看，二者之间却存在距离与落差，许多实践工作者认为教学理论缺乏实践价值，他们忠实地应用了某一特定的教学理论，而产生的教学效果却不理想；一些来自国外的教学理论难以在生动的教学实践中发挥应有的功能；“自上而下”推广的教学理论常常被实践工作者拒绝，从而形成了教学理论与实践之间的巨大“鸿沟”。但教学理论与教学实践之间的“鸿沟”可以随着理论的“下嫁”——教学理论进入实践领域并指导教学实践与教学实践经验的“提升”——从实践情境中形成教学理论而逐渐弥合[①]。

（一）自我建构的基础：理论的有效内化

教师的修炼就是教师的自我建构。教师修炼的基础是理论的有效内化。只有教师把理论内化、转变为教师的实践智慧，才能切实促进教师的专业成长。

首先，教师要坚定学习、实践乃至创造理论的信心。教师必须破除对理论的神秘感、敬畏感和权威感。教师一方面要与理论的生产者，即专家进行零距离接触、面对面交流，掌握叙事研究方法，另一方面要真正理解教学理论与实践的关系。教学实践不仅遵循着教学理论原理，而且丰富着教学理论，教学实践是教学理论的动力源泉，只有在教学实践中教学理论才能不断发展，没有创造性的教学实践活动，就没有划时代的教学理论[②]。教师应该明确，自己在教学理论形成过程中不但是教学理论的践行者，更是教学理论的创造者，只有把教学理论与自己的教学实践结合起来，才能发现理论储备不足，进而形成自己对理论的独特理解和感悟，也才能形成属于自己的实践智慧。

① 段兆兵. 教学理论与实践关系的文化思考[J]. 教育理论与实践，2009(9)：46–49.

② 房超平. 教师专业成长的突破口：教学技能的自我建构[J]. 课程·教材·教法，2007(10)：71–76.

其次,教师要抓住教学理论的本质和精髓。教师对新的教学理论不是不愿接受,而更多的是不能抓住理论的本质、精髓,往往因理解不当而表现为心有余而力不足。因此,通过对教学理论文本的自我研读和感悟,结合自己的教学体会,把理论学习和教学实践结合起来,在内心深处搭建起理论与实践的桥梁,就成了教学理论内化的关键。例如,探究式学习的目的在于帮助学生形成探究的欲望和兴趣,掌握探究的方法,体验探究的过程,而不是去逐个地探究万事万物的奥妙;是为了培养学生良好的习惯和探究的精神,而不是过于关注探究的时间和场合。对合作学习理论的理解是要抓住合作学习对于学生形成合作意识、合作技能、民主观念的意义,而不仅仅是合作的形式。

第三,实现抽象理论向实践理论的转化。客观的理论就是他人的理论,也就是教师通过读书学习所掌握的理论,这种理论容易被教师意识到,但不一定对教学行为产生直接影响;而实践的理论,是不容易意识到的却对实践产生影响的理论,实际上是教师已经内化的理论。教师要内化客观的理论,就要在尊重自身实践经验的基础上,把教学看成是一种开放的、可以与理论进行交往的互动过程,不断地把自己的教学实践和经验与教学理论进行嫁接、融合,进而使这些理论转化为自身可以实践的理论,形成既超越实践经验又不是完全照搬某种理论和方法的实践结果。

第四,缩短理论与实践的距离。由于理论或者滞后于实践,或者二者存在冲突,或者实践落后于理论,致使理论与实践之间总是存在距离与落差。这种距离与落差在教学实践中表现为教师教学实践中的新旧理念与行为的冲突。这种冲突存在两种可能的后果:一种后果是,教师对新的教学理论的理解不断深化,从而有效改善教师的日常教学行为,或者造成新的理念和行为的异化和变味;另一种后果是,教师对理论产生潜在的抵触情绪,有可能使理论内化为教师的教学实践变得更为困难。教师要实现理论内化,就要在充分认识理论与实践之间必然存在距离与落差的前提下,对教学细节持续地追问和精细地解剖,使教学行为中隐藏的旧观念现形乃至放大,进而让变味的理论恢复其本来面目,使迷失方向的教学行为重新找到航线。在此基础上,不断探寻自身实践与理论的距离和落差,以及存在这些距离和落差的原因,并采取相应的策略加以解决。如果理论落后于实践，就要大胆质疑理论，提出符合实践需要的新理论、新观点；如果理论与实践存在冲突，就要理清思路，找到解决问题的对策；如果实践落后于理论，就要敢于否定自我，修正实践要领，并根据反复实践的效果，在理论与实践的结合中重构教学经验，形成对教学问题的新的理性认识，缩短理论与实践的距离。

第五，创造新的教学实践理论。教学理论来源于实践，但实践是鲜活的、生动的，而理论是需要实践验证的。正是由于理论对实践的依赖性，使得理论本身很难为教师所内化，教师总是对各种理论的有效性存在疑虑。这样，需要理论的教师反而成为了理论内化的阻碍因素。在这种情况下，教师需要的不是持续的怀疑与抵制，而应该大胆地正视自己已有观念对理论内化的消极作用，充分肯定自身在创造教学实践理论中的推动作用，把新的教学理论与自己旧有观念的消极影响看成是挑战自身能力与素质的良好机遇，并形成完善理论、创造理论的巨大热情，毫不犹豫地投身于新的实践与理论的创造。

（二）自我修炼的条件：教育实践智慧

教育智慧是教育的一种品质和状态，是良好教育的一种良好品质，是自由、和谐、开发和创造的状态，是教师对于教育工作规律性的把握、创造性的驾驭和深刻的洞悉、敏锐的反应以及机智的应对的综合能力。教师的教育智慧是教育科学与艺术高度融合的产物，是教师探索教育教学规律基础上长期实践、感悟和反思的结果，也是教师教育理念、知识学养、情感与价值观、教育机制和教育风格等多方面的素质高度个性化和综合化的体现①。

教育实践智慧是教师教育智慧的重要组成部分，是教师在教学专业活动中形成并得以发展的，需要较长时间的职业生活积累。只有将教师已有的教育经验、目前的实践体验和以后可能达到的发展水平结合起来，才能有效促进教师教育实践智慧的提高。

1.教师实践智慧的核心构成要素

教师的实践智慧包括职业素养、教学技艺、现场智慧等几个方面。教

① 田慧生.时代呼唤教育智慧及智慧型教师[J].教育研究，2005(2)：50-57.

师职业素养包括专业素养，即教师的职业公共素养和学科素养，学科素养即相关学科教师的专门素养。教师的教学实践技艺主要是指教师的教学设计能力、课堂管理能力、课程开发能力、现代教学评价能力等。教师的教育现场机智则是指教师处理教育现场突发事件的教学艺术水平，具体来说，是指教师对意想不到的情境中的突发教育事件能做出新的、出乎意料的创新举动，是教师在理论和实践结合工程中形成的一种机智，表现出教师对教育工作及教育对象的深刻理解。

2.教师教育实践智慧的特点

第一，教师实践智慧必须是教师在教育教学实践中通过总结、归纳、提炼而形成的，是具有独创特征的一种综合性能力。第二，教师实践智慧是在特定场域形成的，具有情境性特征的激发教师产生灵感的教育艺术应用能力。第三，教师的实践智慧也是教师在无法预知的偶发环境下发挥教育作用的随机应变能力。第四，教师实践智慧是教师在教育实践过程中的一种潜在的思维活动，是一种典型的潜在意识，它隐含在教师的知识、经验及习惯性行为中，因此是一种具有内隐性的素质[①]。第五，教师的实践智慧是教师在长期教育实践活动中点滴积淀的结果，体现的是教师独特的个性教学风格，因此是一种累积性的素质。第六，教师的教育实践智慧是一种跳跃式的非逻辑性的思维活动，是难以进行理性描述的。因此，教师必须随时整理教学活动中非线性的思维活动，提高对教学直觉的重要性的认识，不断提高现场机智的灵活性。

（三）在理论与实践的结合中自我建构个性化操作体系

1.借鉴、融合先进的教学方法

教学方法是教师在特定的教学环境中通过探索而创造的进行教学的各种方式与技巧的集合。虽然教学方法是客观的，任何一种教学方法可以为不同的教师所使用，但是教学方法要真正发挥作用，就必须根据具体的教学文化环境、学生的年龄、年级、学科特点、具体教学内容，以及教师个性等来进行选择。在某种文化传统和文化环境中可行的、有效的教学

① 房超平. 教师专业成长的突破口：教学技能的自我建构[J]. 课程·教材·教法，2007(10)：71-76.

方法，在另一种环境中不一定可行、有效，因此教学方法具有文化制约性。离开了文化环境，教学方法就只是一种知识，就不能发挥应有的作用。如果过于强调教学方法的模仿、照搬、“依样画葫芦”，教学方法就成了僵化的东西，教学也就走向形式主义。因此，教师要对客观的教学方法进行内化，掌握方法的实质和要领，使客观的教学方法与主观的观念与精神、人格相融合，成为自己的方法。只有这样，教学方法才能发挥作用，教师才能逐步建构自己的教学操作体系。

2.探索自我建构的有效策略

虽然教学方法是客观存在，一种方法可以为不同的教师所掌握和运用，但教学方法运用的灵活性、有效性又体现出教师的个体性。每个教师都是一个独立的个体，有自己的教学信念、价值取向、个性风格，都有自己不同于他人的教学操作体系。因此，建立、完善和优化自己的操作体系，对于教师的专业修炼十分重要。教师就是在建构自己的操作体系的过程中实现专业发展的。而要建构自己的操作体系，还需要寻找有效的、适宜的策略。

那么，教师有哪些自我建构的策略呢？首先，教师要注意扬长补短，把自己的长处发扬光大，并要采取措施弥补自己的不足，避免由于自己的不足影响教学效果。其次，借鉴与内化相结合。教师的教学方法是经过学习获得的，因此，教师应该以开放的心态，学习和吸收各种先进的教学理念与方法，同时要注意将这些理念与方法及时改造、内化并转化为自己的操作体系，体现个人风格与特征。再次，理论的实践化与实践的理论化。一方面，教师要不断学习新的教学理论，把内化的理论转化为坚定的教学信念，指导自己的教学，提高教学的理论水平和理性水平；另一方面，教师要把自己的教学实践经验进行整理和加工，有机、灵活地与理论对接，促进自身实践的觉悟。最后，学习模仿与自主创新相结合。一方面，教师要根据教学实践，在教学活动中大胆地、有效地模仿和使用已经形成的教学操作体系；另一方面，要大胆创造，提出并检验自己的教学操作系统，进而形成和优化教学操作范式，自成一家，形成独特的教学风格。

3.自我建构操作性的程序

建立个性化的操作体系是教师课堂教学技能修炼的基本内容。这一操作程序的建构需要根据教师自己的特点来进行。具有参考价值的操作程序包括以下四个步骤：

(1)教师的自我发现。教师是具有能动作用的主体，能够觉察和知觉自己在教学中的成功之处，也能够从学生的眼神、表情、态度等信息中洞察自己教学中存在的问题和不足。教师要自我发现，就要对自己的教学进行不断的反思，并要与他人特别是特级教师、优秀教师同类型的教学过程进行比较，发现自己教学过程的优缺点，找到闪光点和顽症，防止习惯性行为及经验对自我发现的遮蔽和比较过程中的自我膨胀或自我丧失。只要教师对自己有一个理性的自我意识，就能够找到努力的方向。

(2)教师的深度挖掘。个性化操作体系的建立是教师修炼的核心。教师可以通过研究闪光点、顽症和激活学生的思维的方法是否具有重复性，来探寻偶然性中的必然性，揭示规律性，为建构个性化的操作体系奠定基础。但教师既要注意对自己的深度挖掘，防止通过改变教学环境、限制条件，把偶然性行为当做可重复的必然性行为，也要防止把可重复的必然性行为当做习惯性行为，轻易放弃对其中隐含的规律性的探索，还要注意充分发挥自己在重复性实践活动中的主观能动性，自觉探索自身行为中的规律性。

(3)教师的经验升华。教师在教学活动中形成了丰富的经验，但这些经验往往是零星的、片断的、隐性的，如何使之成为系统的、整体的、显性的经验，需要提炼和升华。经验提炼的目的在于通过学习寻找可重复的教学行为与现有理论的关系，并把实践经验转化为可供操作的有效范式。如果行为与理论吻合，教师就应适时地实现理论与实践的对接；当行为与理论错位时，教师就应对行为进行分析和提升，创造自己可以理解与操作的教学理论。所形成的有效范式应该包括教学设计、教学程序、教学方式的运用、组织管理、调动学生思维参与的机智。多次提炼后，教师再对这些范式加以系统化，就逐渐形成了个性化的操作体系。当然，要防止这些范式过于程式化、功利化、庸俗化。

(4)教师的实践验证。教师经过提炼升华而成的操作体系能否在实践中经常发挥作用，需要实践的反复检验。只有经过反复检验并逐步内化为自觉行为的操作体系才能成为教师的个人知识，成为教师进行教学活动的依据与指南。如果一个教师具有了系统化的、有效的操作体系，也就具有了个性化的教学风格，教师也就完成了自我建构，教师的专业修炼也就达到了一个崭新的境界。

六、在合作的行动研究中修炼

教育行动研究是教师进修的模式，是教师研究的方法，也是教师追求专业成长的活动形态。从教育实务的观点看，教育行动研究即知、行、思合一的教师专业成长方式，是教师树立专业权威、实践教育理想的途径。教育行动研究不但重新审视教育理论的实际、理想与实践之间的相互关系，也使教育研究、教师专业发展与教育革新之间产生密切的关联。

行动研究经历了一个复杂、曲折的发展历程。它率先由德裔美国学者勒温倡导并身体力行，在20世纪50年代前形成高潮。之后，行动研究的兴趣在美国迅速下降，受到种种非议和怀疑，很快为“研究—开发—推广”模式取代。英国的教育行动研究以斯腾豪斯领导的“人文课程研究”为标志，是一个由“外部”研究者和“内部”教师共同参与的研究计划。斯氏认为，教学实际上是一个课程探究的实验过程，因此提出“教师成为研究者”和“研究成为教学的基础”等著名口号。随着行动研究在英国和澳大利亚等国逐步成为一种“运动”，20世纪70年代以后行动研究在美国再度引起关注，其中施瓦布和舍恩起了很大推动作用。前者提出“实践理性”、“实践性课程”等概念，后者提出“反思的实践者”、“在行动中反思”等概念，对专业人员（包括教师）的思维方式和实践活动进行了大量的理论和实证研究。1982年斯氏去世后，他的同事埃利奥特继续领导英国的教育行动研究，凯米斯则前往澳大利亚迪金大学工作，成为教育行动研究的核心人物。

行动研究的发展经历了一个从实证主义走向建构主义的变化过程。在本体论上，从寻找“事实”，检验实践者所持有的与“现实”不符的信念并加以干预，到认为“现实”是变动不居的、受情境制约，并不断被重构的。在认识论上，从强调认识的“客观性”和“确定性”，转变为相信认识的“互为主体性”和“不确定性”。在方法论上，从关注技术的“科学性”、“严谨性”与“精确性”，转变为关注行动的“实践性”、“相关性”和“正确性”。

(一)教师行动研究的内涵

什么是行动研究？Kemmis和McTaggart提出："行动研究是一种自我反思的方式，教育工作者通过这种方式来提高他们。①对自身从事的教育与事业的正确认识和评价；②对自己的工作过程的理性认识和评价；③对自己的工作环境的理性认识和评价。"从行动研究的定义中我们可以了解以下几点：①行动研究是一种系统的反思性的探究活动；②它由教师针对自己教学中的问题直接参与和开展调查与研究；③其目的是不断改进自己的教学，使教学达到最佳的效果，同时提高对教学过程的理解和认识。行动研究的特点反映在不断努力地在行动与反思之间建立联系，使之结合，使之对峙，使教师对自己有意识或潜意识的行为进行反思，目的是为了进一步的行动，并通过基于反思的行动来发展教师的知识和对事物的认识[①]。

相对于"外来"的理论研究者，教师置身于教学实践中，对教学实践的了解与省思往往是深切的，提出解决问题的建议也是切中关键的，也就是说教师拥有丰富的研究机会，处于最佳的研究位置，能更有针对性地进行研究。行动研究到底应该解决什么问题？开展行动研究的目标应该是不断面对和解决新的问题。行动研究看似简单，实质上简单的问题包含着复杂的思想和原因，解决问题不仅仅是解决表面存在的问题，还要对传统、习惯、权威进行挑战和抗争，甚至要推翻那些根深蒂固的观念和那些可能被认为非常有用的做法。因此，实践中的许多问题不是仅凭经验就能解决的，还需要学习书本上的知识，借鉴同行的经验，采用调查、观察、分析等多种方法，即便这样可能还未能很好地解决。面对一个开放、多元、充满复杂变化的社会，教师需要不断地行动，不断地研究。现代教师的工作职能出现了深刻的变化，这种变化极大地提高了教师劳动的复杂性和创造性。教师不但要具有相应的教学实践能力，同时还要具有科研的能力，这种变化给教师提出新的要求，也面临更大挑战。教师劳动的不确定性、双专业性、更强的利他性、复杂性、生活性、经验性以及教师来源

① 饶从满，王春光. 反思型教师与教师教育运动初探[J]. 东北师大学报：哲学社会科学版，2000(5)：86-92.

的局限性,使得教师个人行动研究更显重要。

国内有学者提出这样一个教师行动研究的基本框架:①发现问题。这是行动研究的起点,教师关注教育教学中的特定问题,并从课程、学生、教师本身等方面收集有关的资料。收集资料的方法包括自述与回忆、他人的参与性观察、角色扮演、轶事记录、各种检查表、问卷、访谈等,也可以借助于录音、录像等资料。②分析解剖。教师通过分析所收集到的资料,通过审视自己的思想和行为,对问题予以界定,诊断其原因,确定问题的范围,以期对问题的本质有较为清晰的认识。这里,教师可以利用自我提问来帮助对问题的理解,也可以通过合作的方式(相互观察和分析)来进行。③确立假设。明确问题以后,教师开始在已有的知识结构中(或通过请教同事、理论工作者或阅读专业书籍、文献资料等途径)搜寻与当前问题相似或相关的信息,以建立解决问题的方案。这种寻找信息的活动是自我定向式的,其结果有助于教师形成新的、创造性的解决办法。④验证假设。考虑了每种行动方案的可能效果后,教师着手试行某一个解决方案,并在试行之后仍要不断地搜集各种资料或证据,以考验假设,改进现状。在检验过程中,教师会遇到新的问题、新的经验,当这种行动过程再次被观察和分析时,新一轮的行动研究的循环就开始了[①]。

教师行动研究的基本内涵是:由与问题有关的所有人员参与研究和实践,对问题情境进行全程干预,并在此实践活动中找到有关理论依据及解决问题的研究方法。教师行动研究蕴涵着两个基本理念:一是在实践中学习。教育行动研究强调教师运用已有的、富有个性特征的知识对自身教学实践进行多层面、多角度的分析与反思,在反思、总结教学实践中学习、提高,实践性知识与反思精神对教师的专业发展具有决定性的作用。二是实践者成为研究者。教育行动研究在倡导研究者深入教学实践的同时,也特别强调教师成为自己教学实践的研究者。

教师参与行动研究有助于教师质量的提高。有人认为,主要有两个方面的益处:①教师参与行动研究可以提升自己的反思意识和能力,了解自己行为的意义和作用。教师只有对自己在课堂上的行为进行研究,对

① 范丹红. 教师行动研究:教师专业发展的重要途径[J]. 湖北教育学院学报,2007(4):88-90.

自己的学生进行深入细致的观察和探询，才能够了解自己的所思所想和所作所为对学生的学习和发展所产生的影响，并在这种了解的基础上使自己得到提高和发展，同时促进教学效率的提高。②教师参与研究有利于改进自己的教学工作，提出切实可行的教育改革方案。由于了解了自己的行为习惯和思想观念，教师才有可能了解自己还存在什么不足，进而采取行动改进自己的工作[①]。

（二）教师行动研究的性质

与哈贝马斯的认知旨趣[②]相对应，行动研究可分为三种类型：技术的行动研究（对应于技术认知旨趣）、实践的行动研究（对应于实践认知旨趣）和批判的行动研究（对应于解放认知旨趣）[③]。这三种类型的差异主要是由外来研究者作为"协助者"不同程度地介入造成的。技术的行动研究是外来研究者过度介入而导致的"最坏情况"。他们对研究对象加以实验控制，进行"科学的"、"客观的"、"准确的"问题诊断，并提出改进建议。这样的研究结果通常很难被教师采纳，更不可能对学校状况有实质性改善。

实践的行动研究关注教师的教育教学"实践"，反对过分看重理论和"科学方法"的作用。但它并不绝对排斥"假设—验证"的"科学方法"，提出"严谨"与"相关"都要保证，不能"有行动而无研究"。它强调行动者的参与，通过双方平等对话，对多方证据进行相互检验，将行动的效果作为检验研究结果的标准。批判的行动研究则强调用批判的眼光来解释教育实践及其问题，引导教师关注教育实践背后起控制作用的意识形态，对其保持警觉和批判的态度，对教育实践进行"批判性解释"。

技术的行动研究依靠的是技术理性，即：①实际的问题有通用的解决办法；②这些办法可以在实际情境之外（如行政或研究中心）提出来；③这些办法可以由出版物、训练或行政命令等途径转换成实践者的行动。技术理性实施的是"研究—开发—应用—推广"的模式。研究产生理论，理论被用来解决实际问题，应用的结果是生产出一套为特定消费群体

① 林青双，徐策. 教师行动研究——教师专业发展的必经之路[J]. 现代教育科学，2005(2)：39–41.

② [德]哈贝马斯. 认识与兴趣[M]. 郭官义，李黎，译. 南京：学林出版社，1999:44.

③ 陈向明. 参与式行动研究与教师专业发展[J]. 教育科学研究，2006(5)：55–57.

服务的产品(如课程或教材),然后将产品推广给实践者(如教师)。

实践的行动研究和批判的行动研究依靠的是反思理性,即:①复杂的实际问题需要特定的解决办法;②这些办法只能在特定的情境中想出来;③这些办法不能任意地使用到其他情境,但可以被其他实践者作为工作假设,并在自己的工作环境中进行检验。反思理性提倡"实践—反思—开发—推广"的模式。反思理性的基础是实践认识论,认为人不仅是认知主体(求真),而且是实践主体(求善、求美),人的行为世界是由有思想的人自己建构的。所谓"真实",在人的行动中最易于显现,在人际互动中更能了解人行为的意图、愿望、动机和利益考量;在干预中更有可能发现有情境和有条件的、动态发展的"真实",了解教师行动中的"知"。"我们知道的比我们能说出来的多"——教师的知识中很大一部分是缄默知识,保存在个人的"经验库"中,凝聚在自己的行动中,以典型范例的形式表现出来。当教师面临新的问题时,他们通常将其"看成"或"做成"熟悉的问题,并在不确定性中不断重构问题情境。教师的"知"是在行动中形成的,凝聚在行动中的,他们在行动中反思,在反思中行动。因此,对教师思维和行为的了解、理解乃至干预,都必须在与他们积极互动的过程中进行。

行动研究是社会情境(教育情境)的参与者,为提高对所从事的社会或教育实践的理性认识,为加深对实践活动及其依赖背景的理解所进行的反思研究。严格说来,行动研究并不是一种独立的研究方法,而是一种教育研究活动,是一种教师密切结合本职工作,综合运用各种有效的研究方法,以直接推动教育教学工作的改进为目的的教育研究活动,是一种应用研究,是欧美发达国家教师继续教育和专业成长的主要方式之一。近年,行动研究在我国也越来越受到重视,逐渐成为教师从事教育科学研究的首选,成为促进教师专业成长的重要方式,因而属于较高层次的研究[①]。

(三)教师行动研究的特征

行动研究是从实际工作需要中寻找课题,在实际工作过程中进行研

① 王春华. 合作型行动研究:促进教师可持续发展的有效途径[J]. 山东师范大学学报:人文社会科学版,2005(5):124-127.

究，由实际工作者与研究者共同参与，使研究成果为实际工作者理解、掌握和应用，从而达到解决实际问题的目的。《国际教育百科全书》“行动研究”词条的撰写人、澳大利亚学者凯米斯把行动研究定义为：“由社会情境（包括教育情境）的参与者，为提高对自己所从事的社会或教育实践的理性认识，为加深对实践活动及其依赖的背景的理解，进行的反省研究。”①教育情境中的行动研究，其主要目的在于改善行动质量，解决教育教学中的实际问题。因而该行动研究从把教师看作是研究对象，转变为由教师充当研究主体，由教师进行的研究。

1.行动者自己的研究

在以往的教育研究中，教育理论研究者与教师之间存在明显的差别，似乎教育研究活动只是专家或教育研究者的事，这种情况导致了教师问题意识的缺失，表现为教师主动认识问题、解决问题的意识和对自己的教育行为反思的意识逐渐弱化，使得教师的工作成为一种单纯的执行教学步骤的行为。教育行动研究则强调行动者就是研究者，即要以行动者本人为研究的主体，是教师自己在研究，而不是被别人研究，也不是被动地验证理论工作者的研究方案。

2.为行动而研究

行动研究是以提高行动质量，改进实际工作为首要目标的研究方法。它以解决学校中的某一实际问题为导向，教育工作者基于实际教育工作的需要，将实际问题发展为研究课题，并将解决问题的方法作为变量在全程研究中逐个加以检验。在现代生活中，许多问题的解决、规律的发现都有赖于对具体问题和情景的多重观察和分析，并在此基础上综合运用众多学科的知识、方法和技术，因此行动研究必须以科学地发现事实、解释事实为基础，以解决问题为目标。从这个意义上讲，教育研究并不是要为课堂教学提供规则和指令，而是旨在能提供对教育问题和改进教育实践有用的探究性知识与方法。

3.对行动的研究

行动研究是强调研究过程与行动过程结合的研究方法，是以实践经

① [瑞典]胡森，[德]波斯尔韦斯特. 国际教育百科全书（第一卷）[Z]. 贵阳：贵州教育出版社，1990：22.

验为基础的研究方法。行动研究依据的是观察和行动的记录,目的是通过有计划的干预改变所需改变的行为,并以观察记录的信息作为研究发展的推动力,这比纯理论研究更有利于结果的检验。行动研究在解决问题的过程中为研究者和实际工作者提供了结合点,一个共同活动的行动的场所,而这一特点也是行动研究区别于纯实验研究的重要特性。

4.在合作中研究

行动研究大多以共同合作的方式进行。研究小组往往由专家、教师、行政领导乃至学生家长等联合构成。小组成员之间各司其职,经常交换意见,取长补短,共同合作。一般地,专家学者主要起指导咨询作用,行政领导起保障作用,真正的研究主体是广大教师,因此从某种角度看,行动研究即是在研究中提高教师专业水平的一项独特的进修方式。

(四)教师行动研究的计划与实施

所谓教师行动研究计划,是指对教师专业发展的各个方面和各个阶段进行的规划和行动。教师的专业发展是一个终身的、整体的、全面的、持续的过程,是教师个人发展的系统工程,涉及内外环境等许多错综复杂的因素,需要有一个实际而具体的规划。教师个人行动计划是教师专业成长的先决条件,计划对人的发展和成长具有指导作用。教师的成长规律表明,教师要善于分析和审视各种因素,并学会据此制定个人专业发展规划。只有尽早确定自己的专业规划,订立适合自己的专业发展目标、计划,选择自己需要的学习内容,形成自己各个阶段的专业发展行动方案,并有能力将既定目标和计划付诸实施,教师的教育教学实践才有了明确的指向,才能够围绕专业规划,积极主动地解决诸多问题,实现自我发展①。

1.自我认识与发展需要

教师的自我发展需要和意识是保证教师不断自觉地促进行动研究的基础和前提,是教师开展行动研究的内在动力。可划分为三方面:对于自己过去专业发展过程的意识,这部分包括对过去专业发展结果成功与否

① 范丹红.教师行动研究:教师专业发展的重要途径[J].湖北教育学院学报,2007(4):88-90.

的判断，专业发展成功或失败归因的反思等内容；对于自己目前专业发展状态、水平所处阶段的意识，这里包括对现有专业知识能力的认识，对现有专业能力能否适应职业应用的判断，当前环境所要求的专业能力的判断等内容；对自己未来专业发展的规划意识，这部分包括对未来专业素养需求的分析，对自己专业发展的重点确定，对自己专业发展结果水平的预计等内容。但在实际的教学实践中，教师自我发展意识无论是对过去、现在及未来都显得很缺乏，常常认为只要掌握了成功教学的知识就是专业发展，却忽略了将一般理论和个人的情感、知识、观念、价值、应用场景相融合的过程。由此导致部分教师对自身专业发展意识淡薄，对职业规范、周期及专业发展规律、价值等认识不清，教学带有主观性和不确定性，依赖经验程度较大，仅把自己定位于“教书匠”的角色，这与现代教育所强调的专业要求有一定距离，离“专业的教育家”和“研究型教师”的要求差距更大。

2.分析相关资料，审视发展机会

这些资料包括自我成长历程和所具有的素质的认识，要达到的目的，通过几个阶段达到自己的目标，现在正处在什么阶段等。教师应把自己的专业发展置于理性的思考之上，根据所处环境、现有条件和个人的兴趣，审视自己未来发展机会，减少盲目性和随意性。

3.确定专业发展目标与行动策略

教师确定自己的短期、中期和长期目标，并依此制定各阶段行动策略。在大多数情况下，长期目标比较粗略，不具体，可以随着内外部环境的变化而变化，所以在制定时宜以勾画轮廓为主。在选定了长期目标后，把其具体化、现实化、可操作化，就形成许多的中期目标和短期目标。中期目标有比较明确的时间和语言规定，既要有激励价值，又要现实可行。短期目标必须清楚、明确、现实和可行。

4.按目标逐步执行

把握关键因素，并把各种行动策略进一步细化为行动方案。在执行过程中，要不断地配合外在的情境因素做适当的调整和修正。在教师的专业发展过程中，有许多重复性的工作，教师并非能从专业生活经历的时时事事中发现对自身专业发展的意义，对教师的重要意义在于给教师创造了一些选择的机会，让教师确认自己行为或个性中的哪些适合于教师角色、哪些不适合教师角色，适时作出选择和改变，这其中当然也包含教师对长期累积经验的体悟。

5.评价发展规划

对每一个步骤与目标实现状况进行相关评价，可以对活动过程进行及时审视，不断调整规划，有利于教师在教育教学“坐标”中找到自己的位置，能为教师的行动计划提供较为客观的信息，从而获得最适合的专业发展，更有效地达到专业发展目标。

（五）行动研究对教师发展的意义

在教师培训中，教师学的是“教的知识，教的技能与策略”。事实上，教师要掌握的并不只是教的知识和技能，更是教的艺术与智慧。

1.行动研究促进教师专业知识结构的完善

一般认为，教师专业知识结构包括普通文化知识，专业学科知识，一般教学法知识，学科教学法和个人实践知识。在我国传统的教师教育中，只重视特定的学科知识和教学法的传授，实践性知识处于被“流放”的地位。这是阻碍教师专业发展的重要因素。行动研究有利于理论与实践结合，完善教师专业知识结构。行动研究的主旨是把理论和实践紧密地结合起来，把研究整合到教育情境之中，使理论能够在教育实践中起作用，同时实践经验丰富教育理论。

按照教师在专业发展中的决策权，可以把教师的专业发展分为外塑型和内塑型两种。外塑型的学习由教师以外的人和机构所主导，学习的内容远离教师的日常工作实践，教师接受规范的培训并自己阅读有关教育教学理论和教育教学研究方法的论著，这容易导致理论与实践的脱节。内塑型教师能主动采用自己的价值观来检讨和反思自己的教育教学，具有自觉性和主动性。它需要教师结合实际教学情境去主动建构和反思，从而实现理论和实践的结合，建构出具有鲜明个性特征和实践特征的个人实践理论，完善教师专业所需要的知识结构。

2.行动研究有助于发挥教师专业发展的主体作用

人本主义心理学家库姆斯认为，好的教师不是千篇一律地遵循着什么既定规则，他们都有各自的“个性”，并在教学中体现出来，好的教师在教学中会注重“具体的”、“特定的”情境，不可能以“既定的方法”行动。行动研究是教师自我反思的过程，是教师自己思考并解决教育与教学问题的过程，是教师自主、自律、自发的行为。教师有自主发展的权力，有决定自己专业发展的目标、内容、过程和方法的权力。这就要求教师在具体的实践情境中，创造性地运用自己经过选择的教育理论，解决教育教学问题，并对实践的结果总结和反思，实现“实践—认识—再实践—再认识”的循环往复，从而产生和建构出有效指导教师实践的个性化知识和理论。这不但增强了教师专业发展的实效性，使得教师拥有个性化知识，而且适应教师工作的最大特点——不确定性、情境性、针对性，体现出专业发展的重要标志——科学性与艺术性。

3.行动研究有利于锻炼教师专业发展的研究能力

行动研究可以说是面对理论与实践相分离的弊端而建立起来的。行动研究对于广大教师来说，研究不再不可企及，而是自身也可以成为研究者，不再只为那些事先准备的假设提供论据，而是从“假设—论证”的模式中走出来。基础教育课程改革的施行，要求教师以一个研究者的身份进入课堂实践，对自己的实践不断反思。同时，教师只有把自己定位在研究者上，才能成为教学改革的积极参与者和主动适应者。教师通过对自身实践情况和经验进行反思，在提高教学水平的同时也提高了自身的研究能力，实现在教学中研究，在研究中教学，教学与科研相长。以往教师在教师教育和培养中学到的仅是有限的知识，而且他们也主要运用这些知识去被迫处理实际中发生的各种问题，而行动研究却让教师“有魔法师资格的力量”，使教师能够“可持续发展”。行动研究帮助教师摆脱经验的束缚，通过研究在吸取积极因素的同时，纠正自身的偏见。由教师组成的研究队伍活跃在研究活动领域，开展行动研究，这无疑会大大丰富现有教育研究成果①。

4.行动研究有助于激发教师专业发展的职业情感

教师通过行动研究对自己的教育教学行为进行反思，将自身的行为作为对象看待，批判反思其在实践中对教育、学生的观念和教学法的运用等方面的作用，并通过“行动—研究”螺旋式的不断探索，达到对教育教学

① 孙杰. 行动研究与教师专业发展[J]. 教育研究与实验，2006(1)：20-22.

的正确的看法。这不仅对教育具有积极的促进作用,对教师自身也是一种发展和专业自主的解放。尤为重要的是,教师在不断研究的过程中逐渐将自己融入教育中,改变以往被动的态度,焕发出一种主人翁的精神,将教育作为一项需要无限追求的事业。同时,只有把这种精神融入教育,加上对行为理性的思考,才能不断发挥教师的创造力,让他们像艺术家似的游刃于教育教学行为中。

行动研究在促进教师专业发展中的作用,从根本上来说,也应该在于它要求一种道德责任。行动研究是教师在不断研究的过程中逐渐将自己融入教育事业之中,改变以往只接受外来强制"灌输"或满足于现成的经典方法的被动态度,焕发出一种主人翁的精神。这是来自于行动研究者情感上的自愿,将教育作为一项需要无限追求的事业,从而深入体验职业情感,投以积极和热情的态度,怀有崇高的教育信念,体现教师职业的开发,不以外在的强制为约束,而是以自觉为动力,把自己的生命融进职业生涯中,并从职业中得到快乐和发展,从而更加热爱教育事业,增强教师的责任感。这是教师的首要品质,更是其根本的职业品质。行动研究是教师以情感、智慧和精力投入的活动,以培养其研究的方向和责任。通过切实体会到责任感,反思实践,完成在自己的教育教学背景下,对教育教学实践理解的建构和再建构,螺旋式地不断探索,达到对教育教学的正确看法。当然这一过程也应该与他人共同合作,以发掘群体的教育资源。

(六)教师在行动研究中发展的方法

1.教师要加强教育理论学习,形成问题意识

教师对教育理论的学习程度和教育理论水平,一定程度上决定教师对教育教学实际的理解程度和对教育教学过程中问题的洞察水平,并影响教师教育教学实践的方向和效果。因此,进行行动研究的教师必须加强教育理论学习。教育行动研究源于问题,正是教师在日常的教育教学实践中感受到了问题的存在,面临着教育教学困境,才意识到了研究的必要性,也才引发了开展行动研究的动机。没有问题意识、缺乏探究精神、不具备敏锐发现问题能力的教师,是发现不了教育教学中值得研究的问题的,也是不会开展行动研究的。

2.转变教师观念,形成开展教育行动研究的氛围

观念是行动的先导,一切教育教学改革的最大困难几乎都是来自旧的教育观念的束缚。新课程改革呼唤的教育行动研究要求中小学教师首先要转变教育研究观念。在传统观念中,教育科学研究是专业理论工作者分内的事情,他们承担着发展理论改进教育教学的任务,中小学教师只是按照专业理论工作者的意见被动行动,这导致中小学教师对行动中出现的问题采取视而不见的态度。新课程理念要求教师不再是一个真理的垄断者和宣传者,而是一个真理的促进者、帮助者,同时更是一个真理的追求者和探索者。因此,在新课程的教育教学情景中,教师不仅要考虑怎样教的问题,而且更要思考为什么教和教什么的问题。教师只有立足于新课程的教育教学情景中,扮演集实践者与研究者于一身的角色,才可以胜任新的教育教学任务。要做到这一点,首先要增强中小学教师的教育教学责任感,其次要增强中小学教师的教育教学成就感和自信心,最终使教育行动研究成为每一位教师教育教学中自觉的意识和行为,在中小学形成教育行动研究的氛围。

3.实现从个人行动研究到同伴互助行动研究的转换

教师是行动研究的主体,要想实现研究范式的转换,教师自身诸方面的转变是极其重要的。首先,教师要转变旧的教育观念,树立促进学生全面可持续发展的素质教育观和现代教育思想。其次,教师要正确认识和处理同事关系,教师的表面分工是为了更好地发挥个人所长和更好地相互配合,以达到学生全面发展的共同目的,因此,教师既要愿意拿出自己的看家本领和成功经验与他人分享,又要愿意对存在困难的同事给予真诚和及时的帮助。第三,为了提高同伴互助研究的质量和水平,寻求专家的参与和帮助是必要的。中小学教师往往缺乏先进的教育理论和观念,这极易使同伴互助的行动研究停留在同水平的反复上,质量和水平难以真正提高。专家的主要长处在于具有系统的教育理论素养和更深的洞察力。因此,专家的全程参与和及时指导既是行动研究向纵深发展的关键,也是帮助教师加强理论素养、提高理论指导实践的自觉性及能力、提高反思能力的一种有效促进力量。所以,教师在开展同伴互助型行动研究时,要积极寻求校外专家的指导与帮助。

后记

一个教师如何上好每一节课,乍听起来是一个小问题,但这个问题是每一个教师每天都要遇到的问题,是教师整个职业生涯中苦苦追寻其答案的问题,是每一位教师最想解决好的一个问题,当然也是一个不容易解决的问题。当一个教师能够上好每一节课的时候,他(她)就是一个业务过硬的教师,甚至可以说,在业务上就是一个优秀的教师。教师的专业成长和发展主要就是解决如何上好每一节课的问题。这一问题解决了,其他问题就容易解决了。

教师如何才能上好每一节课呢?我们认为,教师应该至少明确几个方面的问题。首先,要明确什么样的课就是一节好课,也就是一节好课的标准和要求是什么;其次,教师要上好每一节课,还要明确如何才能上好每一节课,也就是教师应该如何去做;最后,教师要怎么办,才能使自己具有上好每一节课的素质。本书就是依据以上几个问题而展开的。

要写一本关于如何上好每一节课的书是要冒一定的风险的。因此,本书所提出的观点和建议是建立在吸收大量科研成果的基础上的,是在总结大量教师实践经验的基础上归纳而形成的。即便如此,本书也只是提出一些要求和建议,仅供教师朋友们参考。

段兆兵

2012年12月26日